REINER MARQUARD (HG.)

Buß- und Bettag – Umkehr und Erneuerung

Eine Arbeitshilfe für Gemeinde und Schule

V&R

VANDENHOECK & RUPRECHT
IN GÖTTINGEN

BENSHEIMER HEFTE
Herausgegeben vom Evangelischen Bund
Heft 81

Die Deutsche Bibliothek – CIP-Einheitsaufnahme

Buß- und Bettag – Umkehr und Erneuerung: eine Arbeitshilfe für Gemeinde und Schule / Reiner Marquard /Hg). – Göttingen: Vanderhoeck & Ruprecht, 1996
(Bensheimer Hefte; H. 81)
ISBN 3-525-87170-8
NE: GT

Göttingen · Vandenhoeck & Ruprecht · 1996
Umschlaggestaltung: Jutta Reichelt-Feigel, Rendsburg
Herstellung: Ph. Reinheimer, Darmstadt
ISSN-Nr. 0522-9014
ISBN3-525-87170-8

INHALT

Unterrichtsentwürfe

VORWORT

Erst wenn einem etwas weggenommen wird, wird man sich oft seines Wertes bewußt. Diese allgemeine Erfahrung gilt auch für den Buß- und Bettag. Erst als die Politiker ihn seines „gesetzlichen" Feiertagscharakters beraubten und ihn zu einem normalen Arbeitstag degradierten, wurden evangelische Christen und Christinnen wach – leider zu spät, weil man zu lange den Worten der politischen Verantwortlichen vertraut hatte.

Nun wird protestiert. Die evangelischen Kirchen möchten den arbeitsfreien Buß- und Bettag wieder zurückhaben. Römisch-katholische Christinnen und Christen schließen sich ihrer Forderung an. Das ist gut so, denn es ist ein Armutszeugnis sondergleichen, zugunsten politischer oder wirtschaftlicher Interessen die Feiertagskultur zu opfern. Die Beiträge „Buß- und Bettag in der Diskussion" zeigen sehr deutlich, wie kontraproduktiv es ist, einen Feiertag abzuschaffen, dessen vornehmste Aufgabe es ist, gesellschaftliche Verantwortung bewußtzumachen.

Dem politischen Unvermögen gilt es entschieden und entschlossen gegenzuhalten, zumal die politische Debatte weithin nur noch die wirtschaftliche Standortfrage im Blick hat und unter dem Stichwort „Globalisierung" gesamtgesellschaftlicher Konsens und Solidarität aufgekündigt werden. Wo nur die Gesetze des Marktes herrschen, werden Sonn- und Feiertage als Störungen empfunden. Ein neuer Gott, der des Marktes, ist geboren, und der längst als tot geglaubte Sklavenmarkt wird neu belebt.

Genau dies ist die Motivation für den Evangelischen Bund in Hessen und Nassau gewesen, Gemeinden und Schulen für den Buß- und Bettag eine Arbeitshilfe für Gottesdienste und Unterrichtsentwürfe zu präsentieren, und einzuladen, von ihr in Gemeinde- wie Schulgottesdiensten, im Unterricht mit Konfirmandinnen und Konfirmanden wie in der Schule reichlich Gebrauch zu machen.

An alle Christinnen und Christen appelliert der Evangelische Bund in Hessen und Nassau, in der „Freiheit von Christenmenschen" ihre Verantwortung für Kirche und Gesellschaft wahrzunehmen und den Buß- und Bettag als Chance zur „Umkehr und Erneuerung" zu begreifen und zu praktizieren. Die vorliegende Arbeitshilfe bietet dazu hervorragende praktische Möglichkeiten.

„Da unser Herr und Meister Jesus Christus spricht: ,Tut Buße', wollte er, daß das ganze Leben der Gläubigen Buße sei", schrieb Martin Luther gleich in der ersten seiner 95 Thesen. In der Tat, Buße und Gebet sind nicht auf einen gesetzlichen Feiertag angewiesen. Die Besinnung auf Schuld, Vergebung und Umkehr gehören zum Sonn- und Alltag eines Christenmenschen.

Über die persönliche Buße und Beichte hat der Buß- und Bettag „die Schuld unseres Volkes vor Gott", „das Wächteramt der Kirche gegenüber den Sünden unserer Zeit" und „die Fürbitte für Öffentlichkeit, Völkerrecht und Kirchen" zum Inhalt, heißt es mit Recht im Evangelischen Kirchenlexikon (Internationale theologische Enzyklopädie, Göttingen 1986, 3. Auflage).

Deshalb wies die Synode der Evangelischen Kirche in Deutschland in einer „Kundgebung" auf ihrer letztjährigen Zusammenkunft darauf hin, daß es auch weiterhin des Buß- und Bettages als „ausdrücklichem Erinnerungszeichen" bedarf. Selbstkritisch äußerte die Synode: „Wir müssen uns in der Evangelischen Kirche freilich auch zu Recht die Frage gefallen lassen, ob wir in der Vergangenheit den Buß- und Bettag ernst genug genommen und die mit ihm gegebenen Möglichkeiten ausreichend genutzt haben. Um so mehr kommt es jetzt darauf an, daß die Botschaft dieses Tages in der Öffentlichkeit präsent bleibt."

Der Evangelische Bund in Hessen und Nassau freut sich, daß mit seiner Arbeitshilfe genau das ermöglicht wird. Der Vorstand dankt dem Herausgeber und allen Mitarbeitern herzlich für ihr Engagement bei der Erarbeitung einer Arbeitshilfe, die Gemeinden und Schulen gute Dienste zu leisten vermag.

Rüdiger Bieber
Bensheim, im Oktober 1996

Zwischen Abschaffung und Wiedereinführung
Informationen zum Sachstand

Walter Fleischmann-Bisten

Auf die Ebene der Bundesländer verlagert

Nach jahrelangen partei-, sozial- und wirtschaftspolitischen Kontroversen hat am 22. Mai 1994 hat der Deutsche Bundestag das „Gesetz zur sozialen Absicherung des Risikos der Pflegebedürftigkeit" beschlossen. Da in letzter Minute ein vom Vermittlungsausschuß beschlossener Kompromiß vorlag, konnte das sogenannte Pflegeversicherungsgesetz (PflegeVG) mit großer Mehrheit, nämlich mit den Stimmen von Union, FDP und SPD verabschiedet werden. Nach erfolgter Zustimmung durch den Bundesrat war der Weg für die stufenweise Einführung der Pflegeversicherung ab 1. Januar 1995 frei. Seit dem 1. April 1995 wird damit die häusliche Pflege gesetzlich finanziert und ab 1. Juli 1996 auch stationäre Pflegeleistungen. Die seither das Staat-Parteien-Kirche-Verhältnis in Deutschland nachhaltig negativ belastenden Bestimmungen des § 58 Absatz 1 bis 3 PflegeVG haben folgenden Wortlaut:[1]

(1) Die nach § 20 Abs. 1 Nr. 1 versicherungspflichtig Beschäftigten, die in der gesetzlichen Krankenversicherung pflichtversichert sind, und ihre Arbeitgeber tragen die nach dem Arbeitsentgelt zu bemessenden Beiträge jeweils zur Hälfte.

(2) Zum Ausgleich der mit den Arbeitgeberbeiträgen verbundenen Belastungen der Wirtschaft werden die Länder einen gesetzlichen landesweiten Feiertag, der stets auf einen Werktag fällt, aufheben.

(3) Die in Abs. 1 genannten Beschäftigten tragen die Beiträge in voller Höhe, wenn der Beschäftigungsort in einem Land liegt, in dem die am 31. Dezember 1993 bestehende Anzahl der gesetzlichen Feiertage nicht um einen Feiertag, der stets auf einen Werktag fiel, vermindert worden ist.

---

[1] Bundesgesetzblatt Teil I, Nr. 30 v. 28.5.1994, 1031.

Das Gesetz läßt außerdem im folgenden Absatz 4 die Möglichkeit offen, nach Inkrafttreten der stationären Pflegeleistungen noch einen zweiten Feiertag aufheben zu lassen, falls die Notwendigkeit dazu im Zuge einer Rechtsverordnung festgestellt würde.

Innerhalb weniger Monate haben zwischen Herbst 1994 und Sommer 1995 15 der 16 deutschen Bundesländer zur Kompensation der Arbeitgeberkosten ihre Feiertagsgesetzgebung geändert, den Buß- und Bettag ab 1995 als gesetzlichen Feiertag gestrichen und ihn in den meisten Fällen zum kirchlichen Feiertag mit minderem Schutz erklärt. Lediglich im Freistaat Sachsen müssen die Arbeitnehmer die Pflegeversicherungskosten zu 100 % tragen.

Ohne Zweifel haben mehrfach Diakonisches Werk, theologische Fachleute und Kirchenvertreter die Notwendigkeit der Einführung einer Pflegeversicherung unterstützt. Als am 10. März 1994 endlich zwischen Bundesregierung und Opposition der auch von kirchlicher Seite immer wieder geforderte Kompromiß erzielt wurde, erklärte Peter Steinacker, Kirchenpräsident der Evangelischen Kirche in Hessen und Nassau, gegenüber der Presse: „Für die politische Kultur im Wahljahr 1994 stellt die Einigung im Streit um die Pflegeversicherung eine wichtige Entlastung dar. Die Entscheidung darüber, ob und welcher Feiertag für die Pflegeversicherung gestrichen werden soll, ist freilich noch nicht getroffen, sondern auf die Ebene der Bundesländer verlagert worden. Das entspricht der Zuständigkeit der Länder für die Feiertage. Wir erwarten nun, daß die Länder Hessen und Rheinland-Pfalz in dieser Angelegenheit das Gespräch mit uns suchen. Bisher hat uns auf politischer Ebene noch niemand dazu gefragt. Zu solchen Gesprächen sind wir selbstverständlich bereit. In jedem Fall muß die historische und gesellschaftliche Bedeutung der Feiertage berücksichtigt werden.“[2]

Viele Verantwortliche in kirchlichen Gremien und Entscheidungsorganen dachten so. Man wollte abwarten und dachte, wie gewohnt auch in dieser Frage auf den vertrauten Ebenen verhandeln zu können. Doch zeigte sich rasch, daß die Abschaffung des Buß- und Bettages beschlossene Sache war

---

[2] Pressemitteilung 6/1994, zitiert nach EKHN-Mitteilungen 11/94, 44.

und blieb. Andererseits hatten auch nur wenige Politiker mit einem so rasch wachsenden Druck und Protest vieler Gemeindeglieder gerechnet.

Frühe Aufschreie und überhörte Erklärungen

Ein Blick auf die Presse in der Zeit zwischen Mai und November 1994 ist in vieler Hinsicht lohnend und aufschlußreich. Vorerst ein letztes Mal kommen die Befürworter einer Abschaffung des Buß- und Bettages als gesetzlichem Feiertag zu Wort. Wilhelm Drühe, evangelischer Pfarrer für kirchliche Erwachsenenarbeit im rheinischen Kirchenkreis Mettmann, kritisiert seinen Präses Peter Beier, weil dieser im Zusammenhang der Erhaltung des Buß- und Bettages vom „hohen Kulturgut unseres Volkes" gesprochen habe. Drühe stellt der Bußtagstradition, die er als „religiöses Vollzugsorgan des Staates" (ab)qualifiziert, leere Kirchen an kirchlichen Festen und zweiten Festtagen gegenüber, spricht von frustrierten Pfarrern und Küstern und bedauert, daß selbst offenkundige „Gottesdienst-Schwindsucht" die Abschaffungsverbote der Landeskirchenämter nicht aufhalten könnten. Mit dem Argument, daß die staatlich garantierten Feiertage längst kein kirchliches Leben mehr beinhalten würden, fordert er mehr missionarisches Engagement und zugleich die Streichung des Bußtages: „Wenn es so weitergeht, können auch so manche Produkte der Kirchengeschichte aufgegeben werden, wie etwa der Buß- und Bettag. Seine Geschichte zeigt die Schieflage der evangelischen Kirchen."[3]

Ähnlich „schief" lag auch Hansjörg N. Schultz mit seiner Einschätzung: „Der Buß- und Bettag wird als Feiertag kaum fehlen."[4] Die Protestanten sollten sich seiner Meinung nach „nicht grämen", weil der Einführung der Pflegeversicherung „vom christlich-mitmenschlichen Standpunkt" größere Bedeutung zukomme als einem Feiertag im November: „Ab 1995 wird die gesamte Bevölkerung aufgerufen, auf einen freien Tag zu verzichten, um älteren und pflegebedürftigen

[3] Kirche ist nicht gleich Kultur. Warum ich für die Streichung des Buß- und Bettages bin, idea spektrum 21/94, 20.
[4] So der Untertitel seines Beitrags „Ein Tag im November", Deutsches Allg. Sonntagsblatt Nr. 20 v. 20.5.1994, 15.

Menschen zu helfen. Das ist doch eine wahrhaft sinnvolle Fortschreibung der einstigen Bedeutung des Mittwochs vor dem letzten Sonntag im Kirchenjahr." Auch wenn in dieser hoch subventionierten evangelischen Wochenzeitung hierzu in jenen Wochen jedenfalls kein Widerspruch angemeldet wurde – in den vorausgehenden und folgenden Ausgaben werden zum Bußtagsthema nur wenige epd-Meldungen abgedruckt! –, war an anderer Stelle die falsche Information der Bußtagsgegner beim Namen genannt worden. Hermann Kalinna, damals noch als Oberkirchenrat Stellvertreter des EKD-Bevollmächtigten in Bonn, argumentierte von den biblischen Wurzeln dieses Feiertages her und kritisierte gerade jene Kirchenleute, die unter dem selbst hergestellten Deckmantel der politischen Relevanz kirchlicher Arbeit die zunehmende politische Bedeutungsloskeit ihrer Kirche bewirkten: „Es ist leichtfertig, wie in kirchlichen Kreisen jetzt mit dem Buß- und Bettag umgegangen wird."[5]

Auch die Evangelische Kirche in Deutschland erklärte noch vor der Verabschiedung des Pflegeversicherungsgesetzes im Bundestag, daß die als Folge des Bundesgesetzes beabsichtigte Streichung des Buß- und Bettages durch die Länderparlamente energisch als falscher Weg abgelehnt werde. Mit Entrüstung wird festgestellt, daß offensichtlich die „guten Argumente der Kirchen" – nämlich der alternative Verzicht auf einen Urlaubstag – überhört wurden.[6] Obwohl der damalige SPD-Vorsitzende Rudolf Scharping der EKD versichert hatte, vor einer endgültigen Entscheidung der Länderchefs werde es noch ein Staat-Kirche-Gespräch auf höchster Ebene geben, ist dieses entweder ausgefallen oder hat einen Verlauf genommen und Ergebnisse gebracht, die erst in späterer Zeit nach Öffnung der einschlägigen Archive bekannt werden können. Jedenfalls wollte sich die EKD – so der Vizepräsident des EKD-Kirchenamtes, Hermann Barth – nicht damit abfinden, daß nun die Länder die Suppe auszulöffeln hätten, die unter ihrer Mitwirkung der Gesellschaft eingebrockt worden sei. Zusammen mit der Forderung nach einer Revidierung der Pflegever-

[5] Gegner sind falsch informiert. Warum ich für die Beibehaltung des Buß- und Bettages bin, wie Anm. 3, 19f. 19.

[6] Zentralausgabe des Evangelischen Pressedienstes (= epd ZA) Nr. 94 v. 17.5.1994, 2.

sicherung und der Warnung vor der Streichung des staatlichen Schutzes weiterer Feiertage trat Barth schon im September 1994 dem Verdacht entgegen, mangelnder Widerspruch der Kirchen hätte zu diesem Ergebnis geführt: „Diese Legendenbildung ist mehr als ärgerlich.“ [7] Mit zu dieser Stimmung beigetragen hat sicherlich, daß wegen der bei den Ländern liegenden Feiertagshoheit und den damit verbundenen Kompetenzen der Landeskirchen kein frühzeitiges gemeinsames Vorgehen innerhalb der EKD möglich war. Es fehlte an einer Strategie, die durch die Doppel- und Dreifachstrukturen des deutschen Protestantismus schwer möglich ist und deshalb auch seitens der Tagespresse herbe Kritik erfuhr: „Umso mehr erstaunt es, daß die evangelischen Kirchen die Augen vor der Wirklichkeit verschlossen und nicht viel früher eine Strategie abstimmten, wie entsprechenden politischen Vorschlägen begegnet werden könne. Wieder einmal begnügt sich der zersplitterte Protestantismus damit, mit einer Vielzahl landeskirchlicher Stimmen zu reagieren, anstatt frühzeitig gemeinsam zu handeln.“ [8]

Jede Art des Protestes blieb – letztlich bis heute – ohne konkrete politische Konsequenz im Blick auf die Abschaffung des Buß- und Bettages als eines gesetzlichen Feiertages. Aber die frühen und immer spürbareren Wogen der Empörung dürften auf Dauer doch eine Wirkung zeigen, zumindest wenn erneut ein Feiertag zur Streichung anstünde. Individuelle, lokale und regionale Aufschreie mündeten schließlich in eine gesamtkirchliche Stellungnahme auf höchster Ebene.

Wachsender Widerstand

Die EKD-Synode in Halle im November des gleichen Jahres erhob scharfen Protest gegen die Streichung von Feiertagen zur Mitfinanzierung der Pflegeversicherung, die als solche nochmals ausdrücklich begrüßt wurde.

Kritisiert wird die Abschaffung kirchlicher Festtage als staatliche Feiertage, weil hier in das Glaubensleben der Kirche und in die Kultur des Volkes eingegriffen würde. Wenige Tage

---

[7] epd-ZA Nr. 179 v. 15.9.1994, 2.

[8] Heike Schmoll in der FAZ Nr. 114 v. 18.5.1994, Titelseite („Nun also der Bußtag“).

bevor dann am 22. November 1995 erstmals – außer im Freistaat Sachsen – der Buß- und Bettag in Deutschland kein gesetzlicher Feiertag mehr war, trat die EKD-Synode in Friedrichshafen mit einer Kundgebung[9] an die Öffentlichkeit. Erinnert wird an die besondere Bedeutung des Jahres 1995 – 50 Jahre nach Kriegsende, nach der Befreiung der KZs und der Stuttgarter Schulderklärung –, wo Buße und Neuanfang unter einem besonderen Vorzeichen stünden. Am Ende werden vier gewichtige Bitten geäußert, die gut alle inhaltlichen Aspekte des Bußtages mit denen des Protests gegen seine staatliche Abschaffung verbinden:

„Wir bitten angesichts dieses besonderen Buß- und Bettages 1995:

• die evangelischen Christen und Gemeinden, daß sie die Bedeutung des Buß- und Bettages durch deutliche öffentliche Hinweise auf diesen Tag, besonders auf die Gottesdienste erkennbar machen und seinem Ernst wie seiner Freude durch eigene Teilnahme Ausdruck geben;

• die Bürgerinnen und Bürger unseres Landes, daß sie sich durch diesen Tag – auch wenn er ein Arbeitstag geworden ist – an die Notwendigkeit von Schuldbekenntnis, Umdenken und Neuanfang erinnern lassen;

• die Türen der Kirchen stehen zum Gottesdienst offen;

• die politisch Verantwortlichen, daß sie bessere Lösungen für die Finanzierung der Pflegeversicherung anstreben und damit die Voraussetzungen für die Wiedergewinnung des Buß- und Bettages als eines gesetzlichen Feiertages schaffen."

Auch die Protestnoten vieler Landeskirchen in der Zeit zwischen Sommer 1994 und Frühjahr 1995, also während der parlamentarischen Behandlung in den einzelnen Landtagen, zielten darauf ab, die Gesetzesvorlagen zu Fall zu bringen. Verwiesen wurde auch auf die – bis heute umstrittene – kompensatorische Wirkung einer Feiertagsstreichung in den meisten Branchen der Wirtschaft und auf die Chancen, wenn große

---

[9] Text im Amtsblatt der EKD 1995 Nr. 12, 583 und in der epd-Dokumentation Nr. 50/95 v. 27.11.1995, 1f.

Teile der Gesellschaft zu Umkehr und Besinnung über Schuld und Vergebung aufgerufen seien.[10]

All diese Versuche, doch noch den Buß- und Bettag als gesetzlichen Feiertag erhalten zu können, wurden von mehreren Faktoren begleitet:

Erstens von herber Kritik seitens der verantwortlichen und angegriffenen Politiker. Es würden realistische Alternativen fehlen und die Kirchen würden zur falschen Zeit Kritik an den falschen Adressaten üben – so etwa der niedersächsische Innenminister Gerhard Glogowski – und hätten im Vorfeld der Bonner Grundsatzentscheidung zu lange geschwiegen.[11]

Zweitens von ersten Unterschriftenaktionen, die meist wenig oder schlecht koordiniert von Kirchengemeinden, Dekanaten und Kirchenkreisen ausgingen. Zwar hatte auch die Kirchenkonferenz der EKD, mit der alle Gliedkirchen repräsentiert sind, Ende März 1995 beschlossen, alle Gliedkirchen sollten „alsbald" zu einer Unterschriftenaktion gegen die Abschaffung kirchlicher Feiertage aufrufen.[12] Aber diese als „erneuter Vorstoß bei Bund und Ländern bezeichnete Aktion" eine andere Finanzierung der Pflegeversicherung zu erreichen, kam zu einer Zeit, wo in vielen Landeskirchen bereits sehr unterschiedliche Aktionen im Gang waren. In Bremen wurden innerhalb weniger Wochen 7000 Unterschriften dem Bürgerschaftspräsidenten überreicht, und in Niedersachsen kamen 250 000 Unterschriften zusammen. In Baden-Württemberg, wo in einem ersten Parlamentsbeschluß zunächst der Pfingstmontag gestrichen worden war und erst im Frühjahr 1995 doch der Buß- und Bettag zu Fall kam,[13] konnten nach einigen Monaten über 150 000 Unterschriften, die in der badischen und württembergischen Landeskirche gesammelt wur-

---

[10] Vgl. ebd. sowie die epd-ZA v. 31.10.1994, 22.11.1994 und 15.12.1994; leider fehlt hierüber eine epd-Dokumentation! Im Register für 1994 fehlt das Stichwort „Buß- und Bettag" ganz, und 1995 ist lediglich im Rahmen der Wiedergabe der Beschlüsse der EKD-Synode die Kundgebung von Friedrichshafen dokumentiert.

[11] epd-ZA Nr. 204 v. 21.10.1994, 5.

[12] epd-ZA Nr. 61 v. 27.3.1995, 2.

[13] Vgl. epd-ZA Nr. 31 v. 31.2.1995, 2; Ministerpräsident Erwin Teufel, der sich zunächst stark für den Erhalt des Bußtages eingesetzt hatte, mußte schließlich eingestehen, daß er das „Maß des Widerstandes gegen die Pfingstmontagslösung" wegen seines hohen Freizeitwertes unterschätzt habe.

den, von den Oberkirchenräten Heiner Küenzlen und Beatus Fischer an Staatssekretär Lorenz Menz übergeben werden. Gleichzeitig wurde eine von den evangelischen und katholischen Bischöfen dieses Bundeslandes gemeinsam mit den Präsidenten der Landessportbünde unterzeichnete Erklärung veröffentlicht, die folgende Forderungen enthält: Änderung des Pflegeversicherungsgesetzes, Wiedereinführung des Bußtages als gesetzlichen Feiertag und keine Streichung anderer Feiertage.[14]

Drittens wurden den Gemeinden schon vom Herbst 1994 an und dann verstärkt im Laufe des Jahres 1995 Arbeitshilfen für die Neuentdeckung, inhaltliche Füllung und Neugestaltung des Buß- und Bettages (Abend- und Schulgottesdienste) angeboten.[15] Diese wollen insgesamt deutlich machen, daß der Buß- und Bettag kein überholter kirchlicher Luxus ist, aber doch im Laufe der Jahre leider seine theologische Bedeutung in den Gemeinden eingebüßt hat und rasch neu belebt werden kann und muß.

Viertens waren schließlich in mehreren Regionen – für viele unerwartet – die Proteste ökumenisch unterstützt worden. In Berlin, wo 23 christliche Kirchen und Gemeinschaften im „Ökumenischen Rat" zusammengeschlossen sind, beschwerte sich dieser beim Regierenden Bürgermeister: „Mitteilungen, wonach der Senatsbeschluß mit den Kirchen abgestimmt worden sei, seien ausgesprochen falsch. Gerade durch die Einbindung des Bußtages in die Ökumenische Friedensdekade und den konziliaren Prozeß der Kirchen sei dieser evangelische Feiertag konfessionsübergreifend geworden." [16]

Schließlich ist auch von den Verantwortlichen der einzelnen Aktionen Selbstkritik geübt worden. In der rheinischen Landeskirche etwa wurden seitens der Informations- und Medienstelle unter dem Motto „Kirche bricht auf" im Herbst 1995 Fastenaktionen empfohlen. Bei Befragungen von Haustür zu Haustür sollten Gemeindemitglieder ihren Unmut an der Kirche und ihre Einschätzung des Buß- und Bettages formulie-

---

[14] Vgl. epd-ZA Nr. 22.11.1994, 3, Nr. 144 v. 28.7.1995, 2 sowie die Mitteilung des Ev. Oberkirchenrats in Stuttgart v. 18.7.1996.

[15] Ein erheblicher Teil davon ist gesammelt in der Dokumentationsstelle des Konfessionskundlichen Instituts Bensheim unter der Signatur S 290.190.30.

[16] Zitiert nach epd-ZA Nr. 225 v. 22.11.1994, 3.

ren. Die Aktionsbilanz 1995 macht deutlich, daß solche Fragebogenaktionen nicht geeignet waren, dem Kirchenvolk im Rheinland „aufs Maul" zu schauen: „Manches ist hinter der Erwartung zurückgeblieben, eine flächendeckende, landesweite Aktion auf die Beine zu stellen..." [17] Die jetzt neu konzipierte „Materialmappe '96" enthält Gottesdienstmodelle, Anregungen für den kirchlichen Besuchsdienst, Aktionsvorschläge „für die Straße" und die Gemeindearbeit sowie ein Interview mit Präses Peter Beier über die theologische Bedeutung von Sonn- und Feiertagen.

Zweifellos hatten viele Rundbriefe, Faltblätter, Arbeitsmappen, Protestaufrufe und Stellungnahmen nicht allein die Wiedereinführung des Buß- und Bettages als gesetzlichen Feiertag im Mittelpunkt, auch wenn sie aus diesem Grunde erschienen. Schwerpunktmäßig ging es um die Neubesinnung auf die theologische Bedeutung dieses evangelischen Feiertages, seine historischen, politischen, sozialen und kulturellen Bezüge, und man wollte Anregungen für die gottesdienstliche und gemeindepädagogische Umsetzung dieses Tages nach Wegfall seines besonderen staatlichen Schutzes geben. Als ein Beispiel sei der Brief des württembergischen Landesbischofs Eberhard Renz vom 3.November1994 genannt, wo es nach der Skizzierung der biblischen und historischen Bußtagstradition heißt: „Diese Tradition wurzelt in der Erkenntnis, daß Umkehr nötig ist, für den Einzelnen, wie für das ganze Volk. Gott gibt uns die Möglichkeit zur Umkehr und zur Veränderung. Wir sollten dies als Chance wahrnehmen. Wenn wir aufgefordert werden, Buße zu tun, dann ist das eine gute Botschaft. Sie sagt: Es ist noch nicht zu spät. Menschen können sich verändern und veränderte Menschen können die Verhältnisse verändern. Es muß nicht alles beim alten bleiben."

Phantasie im Kampf für den Buß- und Bettag – drei Modelle

Um deutlicher und klarer die unterschiedlichen Versuche, Wege und Modelle innerhalb der evangelischen Landeskir-

[17] Cornelia Coenen-Marx, Aktionsbilanz 1995, in: „kirche bricht auf", Rundbrief zur Buß- und Bettagsaktion der Evangelischen Kirche im Rheinland 1996, 1.

chen zur Wiedereinführung zu zeigen, sollen die Aktionen in Bayern, Hessen und Schleswig-Holstein vorgestellt werden. Die Verfassungen dieser Länder sehen schon lange bzw. erst seit kurzer Zeit ein Volksbegehren vor. Sie unterscheiden sich nicht nur in ihrer geographischen Lage in Deutschland, sondern auch in ihrer konfessionellen Zusammensetzung. Unterschiedlich ist schließlich jeweils auch, wieweit sich die Landesfläche mit einer oder mit mehreren evangelischen Landeskirchen abgrenzt.

Hessen

Drei evangelische Landeskirchen haben in Hessen einen – unterschiedlich großen – Teil ihres Kirchengebietes: Die Evangelische Kirche in Hessen und Nassau (EKHN), die Evangelische Kirche von Kurhessen-Waldeck (EKKW) und die Evangelische Kirche im Rheinland (EKiR). Von 5,5 Millionen Einwohnern (1987) gehörten 2,8 Millionen den evangelischen Landeskirchen und 1,7 Millionen der römisch-katholischen Kirche an.

Als erstes deutsches Bundesland hat Hessen durch eine vom Landtag am 6. Oktober 1994 in Wiesbaden beschlossene Änderung des Feiertagsgesetzes den Buß- und Bettag als gesetzlichen Feiertag abgeschafft. Ein „Gesetz über Volksbegehren und Volksentscheid vom 16. Mai 1950" bot die Möglichkeit, hiergegen basisdemokratisch vorzugehen. Es wurde im Herbst 1994 gestartet und war zwei Jahre später noch nicht ganz erfolgreich abgeschlossen. Proteste einzelner Gemeinden und besonders engagierter Personen waren früh laut geworden. Während der parlamentarischen Beratung meldeten sich leitende Persönlichkeiten der betroffenen Landeskirchen zu Wort. Viele Synoden unterstützten das Volksbegehren, andere verhielten sich zurückhaltend. Folgende Schritte und Ergebnisse können festgehalten werden: [18]

Am 17. Mai 1994 stellte sich die Kirchenleitung der EKHN (Pressemeldung Nr. 10/94) hinter den Kirchenpräsidenten,

---

[18] Schwerpunktmäßig soll die EKHN-Situation berücksichtigt werden, weil in den anderen beiden Landeskirchen ähnliche Stimmen und Reaktionen feststellbar sind.

der einen Urlaubstag oder einen staatlichen Feiertag für die Finanzierung der Pflegeversicherung vorschlug und als zweiten zu streichenden Feiertag einen „ökumenischen Feiertag" wie etwa Christi Himmelfahrt vorschlug. „Seit geraumer Zeit" gebe es schon – ohne Erfolg – Verhandlungen „mit den politischen Kräften in Hessen": „Die endgültige Entscheidung werde in allernächster Zeit in einer Expertenrunde der Ministerpräsidentenkonferenz und der beiden großen Kirchen fallen."

Einen Tag nach der ersten Lesung des Gesetzentwurfes im Landtag verwahrte sich für die EKHN Kirchenpräsident Peter Steinacker in einer Presseerklärung (Nr. 24/94 v. 16.9.1994) gegen die geplante Streichung des Buß- und Bettages, die einseitige Benachteiligung evangelischer Tradition. Er bekannte sich zu den sozialpolitischen Zielen der Pflegeversicherung, die aber nicht durch die Streichung von Feiertagen, sondern durch Streichung eines Urlaubstages kompensiert werden sollte. Als „absurd" bezeichnete er die im Landtag geäußerte Behauptung, die Kirchen hätten bisher diese Streichung „stillschweigend hingenommen" und erklärte: „Das trifft nicht zu. Die Kirchen haben bei zahlreichen Anlässen öffentlich und nichtöffentlich erklärt, daß die Streichung des Bußtages für sie nicht hinnehmbar ist. Ihre guten Argumente haben sich aber offensichtlich nicht durchsetzen können."

Genau dies aber ist im Rückblick einer der wichtigen Punkte. Nach dem Landtagsbeschluß versicherte nämlich der hessische Ministerpräsident Hans Eichel in einem Interview mit der EKHN-Kirchenzeitung, worin kurioserweise bei fast zwei Druckseiten das Stichwort „Volksbegehren" fehlt, daß bereits im Dezember 1992 von Bundesminister Norbert Blüm der Vorschlag gemacht worden sei, zur Finanzierung der Pflegeversicherung einen gesetzlichen Feiertag abzuschaffen: „Ich habe damals sofort die hessischen Kirchen – wohl als erster Ministerpräsident in Deutschland überhaupt – informiert. Ich habe mit den Kirchenleitungen in Hessen sehr intensive Gespräche darüber geführt. Ich hätte mir auch gewünscht und weiß mich darin einig mit den hessischen Kirchenleitungen, daß der Rat der Evangelischen Kirche in Deutschland und die katholische Bischofskonferenz gegenüber Bundestag und Bundesrat deutlich gemacht hätten, daß eine Entscheidung dort nicht vor Gesprächen mit den Kirchen getroffen werden dürfte. Leider ist es zu einer entsprechenden Aufforderung der Kirchen an den Bundesgesetzgeber nicht gekommen." [19]

In einer weiteren Presseerklärung (Nr. 25/94) kritisiert Steinackers Stellvertreter Hans Helmut Köke den Zeitdruck, unter dem der Innenausschuß kurzfristig zu einer Anhörung geladen habe, als „für die EKHN nicht akzeptabel" und bedauert den fehlenden und politisch nicht gewünschten Diskussionsprozeß. Das Signal, das von einer Abschaffung des Bußtages ausgeht, wird als „verheerend" bezeichnet: „Politische Klagen über zerstörerische gesellschaftliche Entwicklungen, über Werteverfall und Entsolidarisierung wird so die Glaubwürdigkeit genommen."

Unmittelbar nach dem Landtagsbeschluß wurde auf Initiative der Kirchenvorsteherin Gertrud Fritz in Lollar beim Landeswahlleiter in Hessen die Zulassung eines Volksbegehrens beantragt, um die Aufhebung jener Änderung des Feiertagsgesetzes in Hessen zu erreichen. Ziel sind 128 345 Unterschriften, nämlich drei Prozent der bei der letzten Landtagswahl Wahlberechtigten. Die Vertrauenspersonen kommen aus Gemeinden, die zur EKiR und zur EKKW gehören, die EKHN ist nur mit einem Stellvertreter beteiligt. In vielen Gemeinden wurden die Listen zur Unterschrift und anschließenden Beglaubigung durch die Ortspolizeibehörde ausgelegt. An einigen Orten, wo bereits im Vorfeld Dekanatssynoden Protest erhoben hatten und andere Unterschriftenaktionen gelaufen waren, ist es infolge eines gewissen Durcheinanders nur zu einer geringen Beteiligung gekommen. Zwar hatte der Landesverband Hessen und Nassau des Evangelischen Bundes – zusammen mit dem badischen Nachbarverband – vor dem Buß- und Bettag 1994 ein Faltblatt in der Reihe „Evangelische Orientierung" (Nr. 8, Oktober 1994 – Buß-und Bettag) an alle Pfarrämter der EKHN verschickt und innerhalb weniger Tage über 35 000 Exemplare verbreiten können, aber es fehlte an einer Koordination seitens der Landeskirche. Die Kirchensynode unterstützte im Dezember 1994 dieses Volksbegehren. Aber erst am 16. März 1995 wandte sich der Kirchenpräsident mit einem Schreiben (Az. 3441-11) an Gemeinden, Synodale

---

[19] Nr. 44 v. 30.10.1994, 5 und 9, hier 5 (Interview mit Lieselotte Wendl).

und gesamtkirchliche Einrichtungen. Darin bittet er alle, die bisher noch keine Listen ausgelegt haben, dies nachzuholen: „Auch wenn das politische Ziel insgesamt die Novellierung des Pflegeversicherungsgesetzes auf Bundesebene sein muß, so kann doch das Volksbegehren dazu beitragen, daß der Widerstand gegen die Streichung des Buß- und Bettages und gegen die drohende Streichung eines zweiten Feiertages deutlich sichtbar wird."

Obwohl nach Mitteilung der Initiatorin des Volksbegehrens in der Presse und in anderen Medien viel geworben wurde,[20] waren ein Jahr nach dem Start erst 90 000 Unterschriften zusammen und ein weiteres Jahr später 123 000. Man hofft bis Jahresende 1996 und besonders am Bußtag selbst, die noch fehlenden Unterschriften zu bekommen. Es gibt aber nicht ganz unbegründete Sorgen, daß wegen zu geringer Zusammenarbeit innerhalb der Verantwortlichen in den drei Landeskirchen der gewünschte Volksentscheid eine große Enttäuschung werden könnte. Dies würde endgültig ein schlechtes Zeugnis „über den fortgeschrittenen Grad unserer gesellschaftlichen Rückständigkeit" ausstellen.[21]

Tatsache ist jedenfalls, daß einige Dekanatssynoden – wie jüngst etwa im oberhessischen EKHN-Dekanat Butzbach – sehr deutlich die von anderen Dekanten geforderte Unterstützung des Volksbegehrens bewußt ablehnen. Dort sieht man die kirchliche Aufgabe unter Verweis auf Dietrich Bonhoeffers Kirchenverständnis gerade darin, „den Buß- und Bettag in seiner jetzigen Form in den Gemeinden neu zu beleben und so das Bewußtsein der Gemeindeglieder für die Wichtigkeit von Buße, Vergebung und Gebet als zentralen Inhalt evangelischen Glaubens zu schärfen"[22].

Der besonderen inhaltlichen Gestaltung des Buß- und Bettages in der neuen rechtlichen Situation versuchen auch die

---

[20] Vgl. etwa den ausführlichen Beitrag von Volker Trunk, Noch zuwenig Volk fürs Volksbegehren. Befürworter des Buß- und Bettages müssen kräftig die Trommel rühren, Frankfurter Rundschau Nr. 42, v. 18.2.1995, 23. Informationen über das hessische Volksbegehren sind von G. Fritz, Rathausstraße 6, 35457 Lollar, Telefon 06406/5808 erhältlich!

[21] So Hans-Joachim Greifenstein in einem Leserbrief in: Hess. Pfarrblatt 1995/1, 22-24, hier 24.

[22] „Synode ist gegen Volksbegehren", Kirchenzeitung EKHN Nr. 31/32 v. 4.8.1996, 23.

beiden bisherigen Materialangebote der EKHN gerecht zu werden. Sie werden von der Beratungsstelle für Gestaltung von Gottesdiensten und anderen Gemeindeveranstaltungen in Frankfurt am Main[23] herausgegeben. Geboten werden Gestaltungsvorschläge zu Jesaja 30, 15 „Durch Umkehr und Ruhe werdet ihr gerettet ..." (von Hanne Köhler und Cordelia Kopsch) und ein Klangbild zu Lukas 13, 20-30 (von Sabine Fraune und Ulrich Schwemer).

Schleswig-Holstein

Im nördlichsten deutschen Bundesland gehören von den 2,6 Millionen Einwohnern (nach dem Stand von 1987) der Nordelbischen Evangelisch-Lutherischen Kirche (NEK) 1,9 Millionen an. Mit knapp 160 000 Gemeindegliedern lebt die römisch-katholische Kirche in der Diaspora. Das Kirchengebiet der 1977 gegründeten NEK ist nahezu deckungsgleich mit dem Gebiet der Länder Hamburg und Schleswig-Holstein.

Bereits im Mai 1994 waren lautstarke Proteste seitens der Kirchenleitung, verschiedener Propsteien und Kirchengemeinden gegen die Opferung eines Feiertags zugunsten der Finanzierung der Pflegeversicherung vernehmbar. Unter Federführung von Hinrich C. G. Westphal leistete seither das „Amt für Öffentlichkeitsdienst" der NEK in Hamburg mit einer Reihe vielfach einsetzbaren Informationsmaterials[24] eine profilierte Hilfe. In der Novemberausgabe des auflagenstarken Hamburger Verteilblattes „Blickpunkt Kirche" antwortete Volker Gilbert auf die Titelfrage „Bußtag – ein Luxus?" mit einem klaren „Nein" und verwies auf die nicht gehörten kirchliche Argumente für andere Finanzierungslösungen bei der Pflegeversicherung. Er spricht überzeugend von der Schuld der Landesregierung in dieser Hinsicht.

Als dennoch der Landtag in Kiel, wo die SPD damals gerade über eine Stimme Mehrheit verfügte, die Abschaffung des

---

[23] Telefon 069-5302-246 oder 252, Fax 069-5302-281; dort sind auch Gottesdienstentwürfe aus anderen Landeskirchen erhältlich.

[24] Besonders müssen zwei Arbeitshilfen „Darum Buß- und Bettag" (1994) und „Buß- und Bettag 1995" genannt werden, die durch eine für 1996 in Vorbereitung befindliche dritte Broschüre ergänzt werden; Bestellungen sind an das AfÖ, Felbrunnenstr. 29, 20148 Hamburg, Tel. 040-455868 oder Fax 452861 zu richten.

Buß- und Bettages als gesetzlichem Feiertag am 7. Dezember 1994 parlamentarisch besiegelte, wurde mit Pauken und Trompeten Widerstand angekündigt. 50 Blechbläser und einige hundert Demonstranten forderten: „Der Bußtag muß bleiben!" Anwesende Mitglieder der Kirchenleitung kündigten an, dieses Gesetz mittels des erst seit 1990 verfassungsmäßig möglichen Volksentscheides wieder rückgängig machen zu wollen. Rasch waren 1995 die erforderlichen Unterschriften für eine sogenannte Volksinitiative als erste Hürde des angestrebten Volksentscheids erreicht. Statt 20 000 kamen mehr als 72 000 Unterschriften zustande. Am 29. April 1996 konnte daraufhin das Volksbegehren beantragt werden, das wenig später (am 23. Mai) vom Landtag für zulässig erklärt wurde. Ein vom Kirchenamt der NEK herausgegebenes Informationsblatt erklärt die Motive der Landeskirche für diesen Schritt und die juristischen Bedingungen. In der Zeit vom 15. August 1996 bis 15. Februar 1997 haben alle zur Landtagswahl in Schleswig-Holstein Wahlberechtigten am Ort ihres ersten Wohnsitzes die Möglichkeit zur Unterstützung dieses Volksbegehrens. Neben des Eintrags in Sammellisten kann auch ein Einzelantrag unterschrieben werden. Die Eintragungsberechtigung wird nachträglich von den kommunalen Behörden überprüft. Bischof Karl Ludwig Kohlwage, Vorsitzender der nordelbischen Kirchenleitung, äußerte sich optimistisch über Erreichung des gesteckten Ziels: „Ich bin davon überzeugt, daß die notwendigen ca. 106 000 Eintragungen zusammenkommen werden. Ich setze auf das Solidaritätsbewußtsein in unserer Bevölkerung ... Die Menschen mögen selbst entscheiden, ob der Buß- und Bettag wieder ein gesetzlicher Feiertag werden soll. Wir aber wollen dafür werben und mit dem Anliegen das verbinden, was unserem kirchlichen Auftrag entspricht." [25]

Kräftig geworben hat jedenfalls neben der NEK auch die römisch-katholische Kirche. Im Rahmen eines ökumenischen Gottesdienstes Ende August 1996 in Rendsburg rief Weihbischof Hans-Jochen Jaschke die katholischen Gemeinden zur Teilnahme am Volksbegehren auf, da kirchliche Feiertage „ein

[25] Zitiert nach der Dokumentation „Volksbegehren zum Buß- und Bettag", in: Nordelbische Stimmen 09/96, 23.

Stück der öffentlichen Kultur unserer Gesellschaft" sind.[26] Auch das erzbischöfliche Amt in Kiel rief zu Unterschriften und Auslage der Listen in kirchlichen Liegenschaften auf und wertete einen gemeinsamen Erfolg des Volksbegehrens als „ein wichtiges Zeichen für ökumenische Zusammenarbeit."[27]

Auf Widerstand stieß die nordelbische Initiative ausgerechnet bei der Partei, die erst vor wenigen Jahren nach dem Motto „Dem Bürger soviel Recht wie möglich" für ein solches Plebiszit eingetreten war: die SPD. In einem Informationsbrief rufen Landtagsfraktion und Landesverband alle Mitglieder auf, sich keinesfalls am Volksbegehren zu beteiligen. Es wird mit wenig aufrichtigen Argumenten davor gewarnt, eine weitere Belastung der Arbeitnehmer zu riskieren. Entsprechend kritisch sind Kommentare, die hier einen offenen Konflikt in einer sonst eher harmonischen Partei-Kirche-Beziehung angekündigt sehen.[28]

Letztlich ungewiß ist der Ausgang des Unternehmens. Erste Stimmen sprachen von einem schleppenden Anfang nach dem Ende der Urlaubszeit. Da aber – anders als in Hessen– Träger des Volksbegehrens in Schleswig-Holstein in dieser Phase die Kommunen sind, die eigene Räume für die Auslegung der Listen zur Verfügung stellen müssen, wird nach Auskunft der Verantwortlichen erst ca. vier bis sechs Wochen nach Ende der Halbjahresfrist und der erfolgten Prüfung das Ergebnis vorliegen können.

Ungeachtet dessen ist aber schon längst in kirchlichen wie nicht kirchlich gebundenen Kreisen etwas von der inhaltlichen Bedeutung des Buß- und Bettages zur Sprache gekommen. Dies zeigt nicht nur ein mit Bußtagspredigten gefüllter Sammelband, [29] sondern die in den Arbeitshilfen immer wieder klar zum Ausdruck gebrachte Aktualität des Bußtagsanliegens: „Tut Buße – das klingt zunächst sehr allgemein. Aber es ist konkreter als jeder praktische Vorschlag. Denn dieses Wort will von uns bedacht sein im Gebet vor Gott, bis wir eine ganz

26 Epd-ZA Nr. 162 v. 26. 8. 1996, 5.

27 Bericht in der Kirchenzeitung Köln Nr. 38/96 v. 27. 9. 1996, 3.

28 Vgl. etwa die Beiträge von Peter H. Burghold, „Kommt es zum Streit?" und „Fadenscheinig" in: Nordelbische Kirchenzeitung. Evangelisch-Lutherisches Wochenblatt Nr. 35 v. 38. 8. 1996, Titelseite.

29 Klaus Fitschen/Reinhart Staats (Hgg.), Politische Bußtagsworte, Kiel 1995.

persönliche Antwort gefunden haben, was die Buße für mich und für dich heute bedeutet." [30]

Bayern

Im Freistaat Bayern waren nach dem Stand der Volkszählung von 1987 den 10,9 Millionen Einwohnern 2,6 Millionen evangelisch (ohne Freikirchen) und 7,3 Millionen römisch-katholisch. Das Kirchengebiet der Evangelisch-Lutherischen Kirche in Bayern ist identisch mit dem Freistaat, wo bis 1981 der Buß- und Bettag nur in Gemeinden mit überwiegend evangelischer Bevölkerung gesetzlicher Feiertag war.

Innerhalb der Landeskirche war schon in einer frühen Phase in verschiedenen Gremien darüber diskutiert worden, wie zur Durchsetzung der Pflegeversicherung Feiertagsverzicht geleistet werden könnte; immerhin gibt es im Freistaat Bayern 14 gesetzliche Feiertage und in den nördlichen Bundesländern wie in Hamburg nur zehn! Die unterschiedlichen Auffassungen prallten bei einer Tagung der Landessynode vom 21. bis 26. November 1993 in Fürth in Bayern öffentlich aufeinander. Der Präsident der Synode, der frühere Bundesminister Dieter Haack, unterstützte mehrfach ein Votum, das schließlich mehrheitlich angenommen wurde: Zwei gesetzliche Feiertage könnten notfalls auf einen Sonntag verlegt werden. Auf diese unterschiedlichen Standpunkte verwies Landesbischof Hermann von Loewenich in einem an alle Dekanate, Werke und Dienste innerhalb der Landeskirche verschickten „Informationsbrief – Buß- und Bettag" vom 11. Oktober 1994. Die Tendenz ging in Richtung „abwarten", bis sich der damals neugewählte Landtag der Sache angenommen habe. Dies geschah zu einer Zeit, als in Hessen der Landtag bereits entschieden hatte und in den meisten anderen Bundesländern bis auf Sachsen und Baden-Württemberg das „Aus für den Bußtag" beschlossene Sache war. Der Landeskirchenrat – so Loewenich – habe in mehreren Gesprächen mit der Staatsregierung verhandelt und erklärt: „Zumindest in Gebieten mit überwiegend evangelischer Bevölkerung muß nach Auffassung des Landeskirchenrates der Buß- und Bettag wie bisher erhal-

---

[30] So der Schleswiger Bischof Hans-Christian Knuth in der Arbeitshilfe für 1995 (Anm. 24), 6.

ten bleiben." Man hoffte, daß der mehrfach angekündigte – und später doch zurückgezogene – Protest des Ministerpräsidenten Edmund Stoiber Wirkung zeigen würde.

Die Gemeinden sollten mit diesem Rundbrief für ihre Gemeindebriefe Informationen über juristische Fragen und über die historische, theologische wie gesamtgesellschaftliche Bedeutung dieses Feiertages erhalten. Erst als auch im bayrischen Landtag klar war, daß der Buß- und Bettag in einen „geschützten Feiertag" umgewandelt würde, entfachten sich Stürme der Entrüstung und Enttäuschung. In einem gleichlautenden Brief an den Münchner Erzbischof Kardinal Wetter und Landesbischof von Loewenich hatte Stoiber betont, „die Bayrische Landesregierung habe alles daran gesetzt, unter den gegebenen Umständen möglichst viel vom Charakter dieses Feiertages zu erhalten." [31] Zugleich kritisierte er, daß die Kirchen „nicht frühzeitiger, deutlicher und öffentlicher" die Haltung der Staatsregierung zur Erhaltung dieses Feiertages unterstützt hätten. Später bezeichnete Stoiber übrigens den lange versuchten und verlorenen bayrischen Einsatz für den Bußtag als „Teilerfolg", weil der Sachverständigenrat zu dem Ergebnis gekommen sei, daß wenigstens kein zweiter Feiertag gestrichen werden müsse, und forderte zugleich eine bundesweite Korrektur im Blick auf die Bußtagsentscheidungen.

Da aber bekanntlich diese selbst in Bayern bis heute nicht realisiert wurde, entschied sich die Landeskirche, im Herbst eine Aktion „PRO Buß- und Bettag '96" durchzuführen. Zwei für alle Gemeinden und kirchliche Einrichtungen bestimmte Rundschreiben des Landeskirchenrates vom 11. Juni und 2. Juli 1996 geben die notwendigen Informationen über Zielsetzung, Zeitplanung und Einsatzmöglichkeiten des Werbematerials. Erstaunlich ist, daß trotz der verfassungsmäßigen und in Bayern schon einige Male erfolgreich genutzten Möglichkeit eines Volksentscheids, kein Volksbegehren hierfür initiiert, sondern eine „Unterschriftenaktion". Parallel zu der mit dem Erntedankfest am 6. Oktober 1996 gestarteten theologischen und geistlichen Besinnung (Neuentdeckung des „geistlichen Zusammenhang(s) von Dankbarkeit und Umkehr") wird die bayrische Bevölkerung – bewußt nicht nur evangeli-

[31] Kath. Nachrichtenagentur (KNA) Nr. 219 v. 15. 11. 1994, 2.

sche Christen und Christinnen, aufgerufen, sich mit ihrer Unterschrift für eine Wiedereinführung des Buß- und Bettages als gesetzlichen Feiertag auszusprechen. Mit der Unterschrift wird gleichzeitig erklärt, dafür auf einen Urlaubstag zu verzichten. Von jeder Kirchengemeinde werden durchschnittlich etwa 100 Unterschriften erwartet, damit die Listen mit mindestens 150 000 Zustimmungen dann persönlich vom Landesbischof dem Ministerpräsidenten übergeben werden können. Nach behördlicher Genehmigung sollen die Unterschriftenlisten auch in Fußgängerzonen und öffentlichen Einrichtungen sowie in Geschäften ausgelegt werden. Nach dem Abschluß der Aktion am Bußtag 1996, der als „ein gemeinsamer Tag" unter dem Leitwort „Kraft schöpfen – Mut machen – Maßstäbe setzen" begangen werden soll, wird die Landssynode Ende November dann vom Ergebnis der Aktion informiert.

Die unterschiedlichen Positionen innerhalb der Landeskirche zum Bußtagserhalt und über die theologische Bedeutung und thematische Ausrichtung dieses Feiertages kommen offensichtlich auch darin zum Ausdruck, wie im großen Dekanat Nürnberg diese Aktion gestaltet wurde: nämlich unter dem Aspekt „Arbeit und Arbeitslosigkeit". Zur Begründung dieser Aktionsform, für die eigens ein umfangreiches Materialheft [32] hergestellt wurde, heißt es: „Menschenwürde und eine Neubewertung von Arbeit, die nötige wirtschaftsethische Standortbestimmung, die Entwicklung zu einer Gesellschaft mit immer weniger Erwerbsarbeit und der Umgang mit Arbeit in der Kirche – in ganz verschiedene Richtungen fächert sich dieses Thema auf, das sicherlich überall in unserer Landeskirche aktuell ist und aufgegriffen werden kann."

Viele Umwege und (k)ein gemeinsames Ziel

Bekanntlich führen viele Wege nach Rom. Noch weit mehr Wege kennt offensichtlich der deutsche Protestantismus, um einen seiner theologisch profilierten Feiertage vor dem staatli-

---

[32] „Ich arbeite. Also bin ich?" Materialheft zum Thema „Arbeit und Arbeitslosigkeit" für den Buß- und Bettag 1996, hg. von Sabine Geyer, Öffentlichkeitsarbeit im Evang.-Luth. Dekanat Nürnberg; dieses Heft und alles andere Werbematerial für die bayrische Bußtagsaktion konnte kostenlos bis 19. 7. 1996 beim Öffentlichkeitsreferat des Landeskirchenamtes in München bestellt werden (Tel. 089-5595-550 oder Fax 5595-666).

chen Zugriff retten zu wollen. Mit viel Phantasie und in einer enormen landeskirchlichen und regionalen Vielfalt haben die evangelischen Kirchen in Deutschland seit der Diskussion über die Finanzierung der Pflegeversicherung für den Erhalt des Buß- und Bettages gekämpft. Ein jedenfalls heute nicht mehr verständliches Zögern und Warten sowie ein schier unüberwindlicher politischer Block haben den Verlust des Kampfes in seiner ersten Phase herbeigeführt. Daß die Gemeinden und ihre Verantwortlichen theologisch die Bedeutung dieses Feiertages weithin neu zu entdecken scheinen, dürfte eine gute Voraussetzung für die laufende zweite Kampfphase sein. Mittels basisdemokratischer Plebiszite und auch auf andere Weise wird gegenwärtig für die Wiedereinführung des Buß- und Bettages als gesetzlichen Feiertag und damit zugleich als eines bedeutsamen evangelischen Gedenktages gearbeitet.

Sicherlich haben auch die Parteien und die politisch Verantwortlichen hinzugelernt, wo die Grenzen der Nichtwahrnehmung protestantischen wie ökumenischen Bewußtseins heute liegen. Die Evangelische Kirche in Deutschland mit all ihren vielen und teils viel zu kleinen Gliedkirchen und all den allein in finanzieller Hinsicht immer fragwürdiger werdenden Doppel- und Dreifachstrukturen wird nach diesen Bußtagserfahrungen eine Reihe von Konsequenzen ziehen müssen. Gerade in Fällen, wo wegen der Kulturhoheit der Länder Bundes- und Länderinteresse kollidieren, die in Bonn – oder bald in Berlin – gemachten Gesetze vordergründig nicht die EKD auf den Plan rufen, müssen die vorhandenen Strukturen der Staat-Kirche-Kontakte wirkungsvoller und koordinierter genutzt werden. Weil die Weggemeinschaft in unseren Kirchen sicherlich in den nächsten Jahren nicht nur bei geplanten Feiertagsstreichungen auf harte Proben gestellt werden wird, ist „Ressourcenkonzentration" gerade in dieser Hinsicht notwendig. „Gewonnen werden Kriterien zur Bündelung kirchlicher Aufgabenstellungen allerdings nur da, wo Einverständnis über den kirchlichen Auftrag besteht."[33] Daß genau dies beim Buß- und Bettag auf dessen Weg zwischen Abschaffung und Wiedereinführung nicht der Fall war, hat unser Überblick gezeigt.

---

[33] Reiner Marquard, Ressourcenkonzentration und Strukturanpassung, in: Dt. Pfarrerblatt 96, 1996, 238-240, 240.

Zur Geschichte des Buß- und Bettages
Ein historischer Abriß

Jörg Haustein

Der Buß- und Bettag, wie er bis zum Jahr 1994 in der Bundesrepublik Deutschland bestand, war der jüngste kirchliche Feiertag im Kalender der evangelischen Kirche. Erst im Laufe dieses Jahrhunderts setzte sich der vorletzte Mittwoch des Kirchenjahres allgemein durch. Dies war freilich der Endpunkt einer Entwicklung, die sich durch die gesamte Geschichte der Kirche hindurchzieht. Die „Geschichte des Buß- und Bettages", wie sie hier in aller Kürze und mit Verkürzungen wiedergegeben wird, soll nicht in erster Linie die Geschichte „Vom Aufstieg und Fall" eines Feiertages sein, sondern auch die aus der Geschichte erkennbaren evangelischen Möglichkeiten im Umgang mit einem Buß-, Bet- oder Fastentag zeigen.[1]

Die frühe Kirche knüpfte hierbei an jüdische Traditionen und Gebräuche des heidnisch-klassischen Umfeldes an. Das Judentum besaß mit dem Jom Kippur, dessen Grund und Durchführungsanweisungen in Lev 16 festgelegt sind, einen im Jahresablauf festgelegten kollektiven Bußtag mit herausragender Bedeutung. Auch die klassische Antike kannte Prozessionen und besondere Rituale zur Versöhnung der Götter, wie etwa die „feriae piaculares" der Römer zu Not- und Kriegszeiten.

---

[1] Eine Monographie zum Thema liegt nicht vor, hilfreiche Einzelbeiträge sind die verschiedenen Lexikonartikel mit ihren unterschiedlichen Gewichtungen: Franz Xaver Wildt, Art.: Bußtage, Bußzeiten, in: WWKL 2,1615-1618; Johann Leonhard Sommer, Art.: Bußtag, in: RE^3 3,592-594; Eduard Simons, Art.: Bußwesen VII. Bußtag, in: RGG^1 1,1494-1499; Karl Dienst, Art.: Buß- und Bettage, in: RGG^3 1,1539-1541, Ludwig Schmidt, Art.: Buße VIII. Kirchliche Buß- und Bettage, in: TRE 7,492-496.
Vgl. außerdem: Eberhard Weismann, Der Predigtgottesdienst und die verwandten Formen, in: Leit 3 (1955), 85-93, Paul Graff, Geschichte der Auflösung der alten gottesdienstlichen Formen in der evangelischen Kirche Deutschlands bis zum Eintritt der Aufklärung und des Rationalismus, Göttingen 1921, 221-236.

Zwei Motive kommen bei der Entwicklung des späteren Bußtages zusammen: Die Reue des (Kirchen)Volkes, um Versöhnung mit Gott herbeizuführen, und die allgemeine oder konkrete Bitte um Abwendung oder Vermeidung von Not, Krieg, Seuchen, Naturgewalten als Strafmaßnahmen Gottes gegen die Gemeinschaft.

Etwa entsprechend zu diesen Motiven finden sich zwei Formen, die mehr und mehr Gestalt annehmen: die liturgische Litanei, die in Form des beschwörenden Gebetes und der Prozession regelrecht „begangen“ wird und rasch Regelmäßigkeit annimmt, und die regelmäßige oder spontane Bußaktion, die mit Gebet und Ermahnung verbunden die eigene Bußhaltung in Form von Fasten, Almosen etc. kennt.

Es kennzeichnet beide Formen und Motive, daß sie natürlich an Bedeutung gewinnen mußten, ja geradezu unverzichtbar wurden in dem Augenblick, als das Christentum im 4. Jahrhundert „die“ Religion des Römischen Reiches wurde. Daß die Christen schon vorher für „Staat und Gesellschaft“ besondere Buß- und Betaktivitäten kannten, wird von den Apologeten gegenüber heidnischen Angriffen betont: „Wenn die Sommertemperatur den Regen aus der Winterzone ausbleiben läßt..., dann macht ihr es also:... Ihr opfert dem Jupiter die sog. Aquileien, sagt dem Volke Umgänge mit bloßen Füßen zu..., während ihr dem eigentlichen Gott sowohl als dem Himmel den Rücken zukehrt. Wir aber, abgemagert vom Fasten und ausgemergelt durch jede Art von Enthaltsamkeit, von jedem Lebensgenuß uns fernhaltend, in Sack und Asche uns wälzend, wir klopfen durch unsere Enthaltsamkeit an den Himmel und greifen Gott an.“[2] Um sich von der heidnischen Umwelt abzugrenzen, die an diesem Tag ausgeschweift feierte, konnte auch der 1. Januar als einziger fester Bußtag begangen werden.

Neben diesen spontanen Bußaktionen kommen früh regelmäßige Fastentage in Übung, nämlich Mittwoch und Freitag. Hintergrund dieser Tageswahl sind der Verrat des Judas (vgl. Mk 14,1parr) und natürlich der Tag der Kreuzigung Jesu (Freitag). Die Berücksichtigung dieser Tage hat sich bis in die Gegenwart durchgehalten. Entsprechend dieser wöchentli-

---

[2] Tertullian, Apologeticum 40, BKV 24,149f.

chen Buß- und Fastentage kamen Bußzeiten vor den großen Festen auf. Neben den Quadragesima, den vierzigtägigen Fasten vor Ostern, traten die „Quatemberfasten", die den Jahreszeiten entsprechend verteilt und mit kirchlichen Festen eher locker verbunden waren: Winter: 3. Woche im Advent, Frühling: 1. Passionswoche, Sommer: Pfingstwoche, Herbst: Woche nach dem Fest der Kreuzerhöhung. Diese Tage, denen eine gewisse willkürliche Anpassung an den christlichen Kalender anzumerken ist (Herbstquatember!), gehen auf den heidnisch-römischen Kalender zurück.

Mit der „Konstantinischen Wende" besonders aber mit Theodosius I., beginnt auch die Zeit staatlich verordneter Bußtage. Der Versuch Karls des Großen, die gemeinsame Buße stärker im Leben der Gemeinden zu verankern, trat allerdings hinter die von der angelsächsischen Mission geförderte Einzelbuße nach vorheriger Beichte und einer Individualisierung der Buße zurück.[3] Im Verlauf des Mittelalters gewinnen regel- und unregelmäßige Bittgänge mit Gebets- und Beschwörungscharakter in Litaneiform an Bedeutung. Plakativ formuliert: Während also die Buße individualisiert wird, findet gleichzeitig eine Kollektivierung des beschwörenden Hilfsgebetes statt.

Die Reformatoren fanden eine Kultur öffentlicher Buß- und Bethandlungen vor, die einerseits in teils stationärer, teils ambulanter Form und andererseits teils regelmäßig, teils bei außerordentlichen Anlässen stattfand. Luther setzte in dieser Frage nicht bei den regelmäßigen oder außerordentlichen Buß- und Fasttagen an, sondern bei den Litaneien. Hier fand er ein Superstitionspotential vor, das es zu reformieren galt, um ihm den ursprünglichen Charakter zurückzugeben (statt einer Vielzahl von Anrufungen Gottes, der einzelnen Personen Gottes, der Heiligen und sonstiger himmlischer Mächte, die beinahe den Eindruck eines „Pantheon" machten, nur noch Anrufung Gottes). Man wollte hier eine Rechristianisierung eines mehr und mehr zur magischen Apotropie abgleitenden liturgischen Elementes betreiben. Zu diesem Zwecke entstan-

---

[3] Vgl. Die Geschichte des Christentums, hg. v. Norbert Brox u.a., Bd. 4: Bischöfe, Mönche und Kaiser, hg. v. Egon Boshof, Freiburg/Br. 1994, 771.

den 1529 Luthers „Deutsche Litanei“ [4] und die lateinische „korrigierte“ Litanei, die „Litania correcta“.[5] In diesem Zusammenhang geriet übrigens auch das sogenannte „Wetterleuten“ der Kirchenglocken bei Unwetter in die Diskussion.

Gerade im Zusammenhang mit der ersten der 95 Thesen („..., daß unser ganzes Leben eine Buße sei...“) wurde nicht ganz zu Unrecht darauf verwiesen, daß ein spezieller Bußtag dem Wesen der Reformation Luthers eigentlich widerspreche. Ob hieraus auch gefolgert werden kann, der Buß- und Bettag habe „im Volk keinen festen Fuß gefaßt“, ist aber wohl fragwürdig.[6]

Im oberdeutschen Raum mit seiner überwiegend von den Städten getragenen und von der Schweiz mitbeeinflußten Reformation setzte sich bald die Tradition obrigkeitlich verordneter Bußtage fort. In dem Maße, wie die Bußzeiten des Kirchenjahres aufgegeben werden, gewinnen regelmäßige Bußtage in protestantischen Territorien an Bedeutung. Geographisch gibt es wohl eine Bewegung vom reformiert beeinflußten niederrheinischen und oberdeutschen Raum in die lutherischen Territorien. Hierbei muß aber der Typ der Stadtreformation mit einer stärkeren Verbindung von Bürgergemeinde und Christengemeinde ebenfalls mitberücksichtigt werden. Auch nachdem in den „klassischen“ lutherischen Territorien Bußtage in „ordentlichen“ Gebrauch kommen, hält sich dort die Tradition der Litaneien: So sieht die Kursächsische Kirchenordnung von 1580 ausdrücklich eine Verbindung „Von der litania, und gemeinen bettagen in der wochen“ vor.[7]

Unter den Reformatoren ist es besonders Martin Buzer gewesen, der die Einrichtung von Bußtagen empfahl und sie in seinem Katechismus und in den von ihm beeinflußten Kirchenordnungen verankerte. Als konkreter Ausgangspunkt des evangelischen Buß- und Bettages gilt auch derjenige, der in Straßburg am 31. August 1532 nach klassischem Vorbild zustande kam. Nachdem Kaiser Karl V. zur Abhaltung von Mes-

---

[4] Mit Noten: WA 30 III, 29-36; Text auch in LD^2 6,289-291.

[5] Mit Noten: WA 30 III, 36-42.

[6] Vgl. Oskar Rühle, Art.: Bußtage, in: HWDA 1,1721f.

[7] Sehling I, 435. Karl Dienst (aaO. 1539) weist ein „Eindringen“ des Bußtages aus den reformierten in die lutherischen Gebiete zurück. Doch kommen neben den Litaneien Bußtage dort doch erst in den Bestimmungen der zweiten Hälfte des 16. Jahrhunderts vor.

sen angesichts des Türkenkrieges aufgefordert hatte, wurde er vom Straßburger Rat verordnet. Andere Städte wie Augsburg und Ulm folgten. Dies war jedoch eher der praktische Vollzug dessen, was bereits vorher als evangelische Möglichkeit erwogen war. So sieht eine der ältesten Kirchenordnungen, die „Hessische Kirchenreform“ [8] von 1526, im Kapitel 6 zu den Fastenbestimmungen vor: „wenn aber eine schwerwiegende Angelegenheit oder Not es erfordern, kann der Fürst mit Ratschlag und Zustimmung der Kirchen den einen oder anderen Tag zum Fasten bestimmen, ohne freilich hieraus ein beständiges Gesetz zu machen.“ In dieser frühen Phase der Reformation wird noch größter Wert darauf gelegt, daß ein obrigkeitlich verordneter Fastentag (ebenso wie der der einzelnen Gemeinde, was auch vorgesehen war) keinesfalls Befehl oder Zwang sein soll, sondern die christliche Freiheit des Fastens nicht berühren dürfe.

Ebenfalls in Hessen fand dann 1539 aber doch erstmalig ein regelmäßiger Bußtag Eingang in eine Kirchenordnung, und zwar weniger als ganzer Tag, sondern vielmehr als eine Art monatlich zu haltende Buß- und Betstunde mit sparsamer Gestaltung:

„Allen monat sol man einen tag fürnemen, darzu man das volk, fleißig zu kommen, ernstlicher weise vermanen sol und da ein gemein ermanunge zur buße tun mit ernsten ermeldungen der rute Gottes, so uns zum teil schon zugeschickt, zum teil noch warlich geträut werden. Nach solcher predigung soll man das volk zum gebet, almusen und rechtem fasten treulich vermanen, Und nach dem ein jeder bei ihme selbst gebettet, für die fürgehalten noturft, sol der pfarher ein gemein collect zu teutsch verlesen, darin solich gebet ordentlich summiert werde. Und die gemeine nach dem gesang, das sich darzu reimet, und segen lassen hingehen. Solch gebettage, wo größer not und anfechtungen fürfielen, sol man ofter halten.“ [9]

Die Notzeiten des Schmalkaldischen und des Dreißigjährigen Krieges, zuletzt auch der Türkenkriege des 17. Jahrhun-

---

[8] „Reformatio Ecclesiarum Hassiae“, nach ihrem Entstehungsort auch „Homberger Kirchenordnung“ genannt, Emil Sehling (Hg.), Die evangelischen Kirchenordnungen des XVI. Jahrhunderts, Band 8,I Hessen, 43-65.

[9] Kasseler Kirchenordnung, 1539, Sehling VIII Hessen I, 128f.

derts, bringen den Durchbruch des Buß- und Bettages als eines spezifisch protestantischen Elements. Aus den bis dahin kasuellen Buß- und Bettagen zu aktuellen Anlässen werden solche mit einer gewissen Regelmäßigkeit, und die regelmäßigen Bettage und Betstunden entwickeln sich zur Betstunde, Bibelstunde und Unterweisung der Kinder. Aufgrund der fehlenden Verankerung im Kirchenjahr und der obrigkeitlichen Verordnung bildet sich eine unübersichtliche Vielfalt heraus:[10]

Wöchentlich:	Frankfurt (1679)
	Ravensburg (1680): Donnerstag
Monatlich:	Erbach
	Hanau (1659): Dienstag nach Neumond
	Oldenburg
	Plön (1732): Neumondwoche
	Sachsen-Thüringen (1707)
	Schwarzburg (1675)
	Wild- und Rheingrafschaften (1693): Mittwoch nach Neumond
	Württemberg (1663)
Jährlich vier:	Brandenburg-Preußen
	Braunschweig (1657/1709): Quatember
	Genin: Quatember
	Lauenburg: Quatember
	Mecklenburg (variiert stark, Beispiel 1650: Freitage nach Ostern, Johannis, Michaelis, Weihnachten)
	Waldeck (1649): Freitage nach Advent (?), nach Estomihi, nach Walpurgis, nach Michaelis
	Schweinfurt
Jährlich drei:	Kalenberg (1651): Karfreitag, Mittwoch vor Michaelis, Weihnachtsquatember
	Kursachsen (1710)

[10] Die Auflistung erfolgt nach Graff, Geschichte, 228-230, der die wohl breiteste Übersicht bietet (Aufstellung nach Häufigkeit von mir). Gleichwohl bietet auch sie nur ein Schlaglicht! Wenn vorhanden, ist die Jahreszahl der entsprechenden Kirchenordnung angegeben, einige Informationen Graffs sind ohne nähere Angaben. Einige Gebiete kannten mehrere der „Varianten".

Jährlich zwei:	Magdeburg (1655): Freitage nach Judica und 10. n. Trinitatis
	Ostfriesland (1631): Sonntag Exaudi, Sonntag nach Michaelis
	Sachsen-Thüringen (1707): Freitage vor Judica und 2. Advent
	Speyer: Donnerstag vor dem 1. Advent, Pfingstdienstag
Jährlich:	Frankfurt (1679): Freitag vor dem 1. Advent
	Hamburg (1698)
	Lüneburg: Karfreitag
	Nürnberg (1646): Aschermittwoch
	Oldenburg: 4. Freitag nach Ostern
nur kasuelle:	Lübeck

Durchgängig freilich wird der Buß- und Bettag nicht als Feiertag bezeichnet, sondern im Unterschied zu den christlichen Feiern Weihnachten, Ostern, Pfingsten und den weiteren Christusfesten eben als Bußtag, ebenso wie Karfreitag oder Aschermittwoch, jeweils mit ihrem eigenen Schwerpunkt: „Der Aschermittwoch ist personenbezogen, der Karfreitag christusbezogen, der Buß- und Bettag gemeinschaftsbezogen.“[11] Von daher ist nicht selbstverständlich, und die Kirchenordnungen sahen es auch unterschiedlich vor, daß an einem solchen Tag Arbeitsruhe zu herrschen habe. Kursachsen sah 1580 ausdrücklich vor, daß man nach dem Gottesdienst wieder rasch seine Arbeit aufzunehmen habe.

Wenn ein „arbeitsfreier Tag“ vorgesehen ist, dann natürlich nur, um die Ernsthaftigkeit des Tages nicht durch Geschäfte oder gar Vergnügungen zu kompromittieren.

War die Notzeit des 17. Jahrhunderts die klassische Zeit der Bußtage, so kam mit Aufklärung und Rationalismus der Niedergang. Ein Motiv hierbei ist der zuweilen rein liturgische Vollzug einer Bußfeier, die ohne belehrende Predigt als unbefriedigend oder gar unnütz empfunden wird. Lediglich Katastrophen wie das große Erdbeben von Lissabon 1756, das als Einbruch in den Optimismus der Zeit gesehen wurde und die Theodizeefrage belebte, provozierte Bußtage, neu nun mit

[11] Schmidt (wie Anm. 1) 494.

einem geradezu ökumenischen Impuls: Man gedachte der Not und des Unglücks (weit) außerhalb des eigenen Lebensbereiches. In die gleiche Zeit fällt im gemischtkonfessionellen Preußen der Erfolg Friedrich-Wilhelms III. 1788, von Pius VI. für die Katholiken Preußens am evangelischen Bußtag (Mittwoch nach Jubilate) auch einen katholischen Bettag angeordnet zu bekommen.

Im 19. Jahrhundert schließlich sieht man den Buß- und Bettag im Fahrwasser der deutschen Einigungsbestrebungen. Das Zusammentreffen verschiedener evangelischer Traditionen in einem Territorium (Preußen u.a.) lassen jetzt erst das Bedürfnis nach Vereinheitlichung der Bußtagspraxis entstehen. Die „Eisenacher Kirchenkonferenz" von 1852 schlägt als einen und einzigen festen jährlichen Buß- und Bettag den vorletzten Mittwoch des Kirchenjahres vor. Durchsetzen konnte man sich (natürlich) nicht, angesichts der ernüchternden Bestandsaufnahme, „daß in 28 deutschen Ländern 47 verschiedene Buß- und Bettage an 24 verschiedenen Tagen gefeiert wurden".[12] Führende Kräfte des Evangelischen Bundes wie Willibald Beyschlag und Hermann von der Goltz propagierten die Vereinheitlichung gegen die Konservativen. 1892 gelang die Verlegung des Buß- und Bettages in Preußen auf den neuen Termin. Bis auf Reuß (ältere Linie) schlossen sich die norddeutschen Staaten der Regelung an. Die endgültige Durchsetzung dieses Termins dauerte bis in unser Jahrhundert, da es vor allem in Süddeutschland (Hessen: Palmsonntag, Bayern und Württemberg: Invokavit, Baden: letzter Sonntag nach Trinitatis) eigene starke Bußtagstraditionen gab, bzw. zum Beispiel ausgerechnet Straßburg, die Stadt des ersten „evangelischen" Buß- und Bettages, keinen mehr hatte.

Kam der heutige Buß- und Bettag somit gegen Ende des 19. Jahrhunderts mehr und mehr in kirchlichen Zuständigkeitsbereich (in Preußen hatte 1892 die Generalsynode entschieden), so fehlte der klassische staatlich verordnete Bußtag nicht:

---

[12] Simons (wie Anm.1) 1496.

In Preußen wurde ein solcher bei Ausbruch des Deutsch-Französischen Krieges für den 27. Juli 1870 anberaumt.[13]

Nach dem Ende des Zweiten Reiches war die Grundlage für staatlich verordnete Buß- und Bettage sowohl rechtlich wie auch theologisch entzogen. Pikanterweise fand der erste gesamtdeutsche Buß- und Bettag im Jahre 1934 statt (nach dem Einlenken Bayerns). Im Jahre 1939 verfügte der damalige Kanzler des Deutschen Reiches die Abschaffung des Buß- und Bettages, ebenfalls aus volkswirtschaftlichen Gründen (er wurde allerdings auf einen Sonntag verlegt).

Wenn es ein historisches Fazit gibt, dann dies: Der Buß- und Bettag ist aus gemeinchristlicher Tradition auf dem Gebiet der gemeinachaftlichen Buße erwachsen und hat sich im 16. Jahrhundert als protestantisches Spezifikum herausgebildet. Der so gewachsene Buß- und Bettag ist dennoch kein gemeinchristliches, „ökumenisches" Fest. Mit Blick auf die Abschaffung als gesetzlichem Feiertag ist aber doch festzustellen – und die Hinnahme seitens der evangelischen Kirchen und ihres Volkes ist vor diesem Hintergrund besonders peinlich –, daß er von anderen Kirchen und Religionen als ein positiver und bedenkenswerter evangelischer Beitrag zur Feiertagskultur gesehen wird. Anders sind die katholischen und moslemischen Solidaritätserklärungen nicht zu verstehen, die es gab und gibt. Gleichwohl war es gute Tradition, den Bußtag als staatlich-kirchliches Ereignis zu begehen, ohne die Arbeit zwangsläufig ruhen zu lassen. Das theologisch-kirchenhistorische Problem liegt nicht darin, daß man am Buß- und Bettag arbeiten kann, darf oder muß, sondern daß Staat und Gesellschaft hier bewußt ein Band kritischer Solidarität zwischen Religion und Nation zerschnitten haben. Die Entscheidung für den 3. Oktober und gegen den Buß- und Bettag ist eine Entscheidung für Kanzler und Parlament und gegen Gott als letztbestimmende Größe in unserem Gemeinwesen.

---

[13] Was m.E. die „Verbindung von Thron und Altar" in etwas anderem Licht erscheinen läßt als der bis zur Blasphemie bedenkliche Aufbruch von Kirche und Staat in den Ersten Weltkrieg. Daß derartige Bußtage mehr als nur religiöse Pflichterfüllung waren, beweist sicher auch die Einrichtung eines jährlichen Bußtages für die Südstaatenkonföderation 1863 mitten im Amerikanischen Bürgerkrieg, an welchen Tagen keine militärischen Aktivitäten stattfinden durften, vgl. Wildt (wie Anm. 1) 1618.

Der Stadt Bestes suchen und für sie beten

Kommentar zum Wegfall des Buß- und Bettages als gesetzlichem Feiertag

Reiner Marquard

Suchet der Stadt Bestes ... und betet für sie zum HERRN – so fordert Jeremia (Kap. 29,7a) die Weggeführten in Babel auf. Wo für die Stadt/das Land und seine Machthaber gebetet wird, wird Macht begrenzt im Verweis auf Gott. Im Verweisen auf Gott durch das Gebet findet das Land seinen Frieden samt denen, die darin wohnen: *denn wenn's ihr wohlgeht, so geht's auch euch wohl* (V.7b). Der Absolutheitsanspruch des politischen Engagements als ausschließliches Mittel der Wohlfahrt wird dadurch begrenzt, als auch die Politik Gott selbst zugeordnet wird. Das Anliegen des Buß- und Bettages ist es, diesen biblischen Aspekt wach zu halten. Die Streichung des Buß- und Bettages in allen deutschen Bundesländern bis auf den Freistaat Sachsen durch die Politik und die fehlende Bereitschaft sich politisch für die Streichung eines Urlaubstages einzusetzen, bedeutet, „daß private Urlaubstage eine höhere Wertschätzung genießen als ein Tag aller, der den gerade in einer pluralen Gesellschaft vitalen Zusammenhang von kritischer Selbstbesinnung, Umkehr und Erneuerung wieder in Erinnerung bringt. Politische Klagen über zerstörerische gesellschaftliche Entwicklungen, über Werteverfall und Entsolidarisierung wird so die Glaubwürdigkeit genommen" (Pressemitteilung 25/94 der EKHN).

Demgegenüber muß festgestellt werden, daß der Buß- und Bettag seit der Reformationszeit zur religiösen Tradition des Protestantismus gehört: „Mit dem öffentlich zur Geltung gebrachten Ruf zu kritischer Selbstbesinnung, Umkehr und Erneuerung übernimmt die Kirche bewußt eine wesentliche Funktion innerhalb der Gesellschaft zum Nutzen der Allgemeinheit" (TRE VII,S.495). Je stärker die Kirche diesen Ruf absichtslos [also nicht im Sinne einer christlich verbrämten (Kirchen-)Politik] laut werden läßt, ist sie umso mehr stellvertretend »Kirche für andere«. Sie betont die politische Bedeutung der als allgemein verbindlich geltenden Grundwerte Freiheit, Gerechtigkeit und Solidarität und gibt diesen Werten in ihren Gottesdiensten am Buß- und Bettag eine biblische Profilschärfung. Mit der Abschaffung des gesetzlichen Schutzes des Buß- und Bettages durch den Hessischen Landtag am 6. Oktober 1994 wird zum ersten Mal ein fester Bestandteil der kulturellen Tradition unseres Landes zur Finanzierung politischer Maßnahmen geopfert. „Als kulturelle Institution und als kirchlicher Feiertag geht der Bußtag verloren. Als gesetzlicher Feiertag hat der Buß- und Bettag seine Bedeutung nicht nur für die Kirchen, sondern auch für die Kommunikation aller Bürgerinnen und Bürger in Familien, Nachbarschaften und Vereinen. Dieser politische Eingriff läßt befürchten, daß ein Abbau weiterer Feiertage jetzt prinzipiell einkalkuliert wird – wofür auch immer“ (Presemitteilung 25/94 EKHN).

Welchen Weg nimmt unser Staat, wenn er Feiertage je nach Kassenlage zur Disposition stellt? Angesichts der Harmlosigkeit, mit der Politiker/Innen über den Buß-und Bettag meinen befinden zu können, ist die Äußerung des Kanzleramtsministers bezüglich der Streichung eines staatlichen Feiertages von einer geradezu entlarvenden Bedenkenlosigkeit: „Wer den 3. Oktober als nationalen Feiertag in Frage stellt, zeigt sich als Politiker ohne geschichtliche Erinnerung und als Mensch mit mangelhaftem patriotischem Gefühl“ (zitiert nach dem Bericht des Kirchenpräsidenten vor der 5.Tagung der Achten Kirchensynode am 12.4.94 in Frankfurt/Main: „Zur Freiheit hat uns Christus befreit“, S.31). Es sind nicht die schlechtesten Patrioten, die der Meinung sind, daß der Staat dann als Staat seine Aufgaben kompetent und vor allem vertrauensbildend wahrnimmt, wenn er selbst mit gutem Beispiel vorangeht und nicht in fremden Gewässern fischen geht. Wenn über Feiertage geredet werden soll – und warum nicht! – dann aber in einer konzertierten Aktion!

So aber bleibt ein fader Nachgeschmack und der Eindruck, daß die Kirchen nicht länger schlafen dürfen, wenn sie nicht weiter einen Abbau ihrer Mitwirkungsmöglichkeiten hinnehmen möchten. In der FAZ (12.10.94) war diesbezüglich zu lesen: „Um so unverständlicher ist die Entscheidung der protestantischen Kirche, eine Änderung des Militärseelsorgevertrages anzustreben und damit einer Tendenz Vorschub zu leisten, die schon bald den politischen Alltag prägen wird. Vielleicht ist die Abschaffung des staatlichen Kirchensteuereinzugs, staatlicher theologischer Fakultäten, der Klinik- und Gefängnisseelsorge nur eine Frage der Zeit...Wann endlich wachen die Kirchen auf?"

Die Kirche ist freilich kein Lobbyist in eigener Sache. Im Sinne der Barmer Theologischen Erklärung (These V) werden wir erst recht bereit sein müssen zur Einmischung, zur Übernahme von Verantwortung für fremdes Leben. So sehr sich der Staat durch seinen Beschluß zum Buß-und Bettag anpasst an eine gesamtgesellschaftliche Entwicklung hin zur Gesellschaft ohne christliche Fundamente, so sehr wird die kirchliche Suche nach der Stadt Bestes darin bestehen, daß aus der Fürbitte für das Gemeinwohl solidarische Mitarbeit erwächst wie bewußte Nichtbeteiligung da, wo nach christlichem Gewissen das Beste der Stadt auch und gerade politisch verfehlt wird. Es bedarf heute mehr denn je des Buß- und Bettages. Unsere demokratische Grundordnung basiert auf einem Fundament, das der Staat selbst nicht bereitstellen kann. Die soziale Ordnung gerät ohne religiöse Bindekraft ausser Kontrolle. Die Zunahme der Gewaltbereitschaft überfordert dauerhaft den Staat. Ein Staat ohne ein geklärtes und kreatives Verhältnis zur in den christlichen Kirchen und Gemeinschaften bewahrten und verkündigten Botschaft des Evangeliums sowie ihrer jeweils verlässlichen Sozialgestalten wird sich in quasi-religiöser Selbstüberschätzung jene Fundamente garantieren müssen, die er im blossen Rekurs auf einen moralisch angemahnten Humanismus ohne Gott nicht mehr vermitteln und erst recht nicht bereitstellen kann. Die anhaltende Überführung der christlichen Religion in den Bereich der Privatsphäre hat auf Dauer unabdingbar gesellschaftliche Folgen. Der Gedanke der Subsidiarität wird untergraben.

Buß- und Bettage sind landeshoheitliche/staatliche Feiertage gewesen, in denen sich die Obrigkeit/der Staat zurücknahm und sich im Ritual des Gottesdienstes der eigenen Verfehlungen stellte. Sie waren ein wichtiger Ausgleich zu jenen (auch gottesdienstlich mitgetragen) Feiertagen, an denen sich das Land/der Staat (z.B. in Katastrophen) die Hilfe Gottes erbat. In der Abschaffung des gesetzlichen Feiertages anlässlich des Buß- und Bettages fehlt dem Staat heute dieses Korrektiv. Die Gefahr droht, daß er sich am Ende nurmehr feiert. Wird man uns einmal im Rückblick vorwerfen, daß wir Deutschen bei der Vereinigung 1990 die staatlich verordnete „Schönrednerei" der ehemaligen Machthaber der DDR wider besseres Wissen übernommen hätten? Wird die kollektive Unfähigkeit zu trauern überführt in eine trotzige Unwilligkeit, sich zur Buße rufen zu lassen?!

Umgekehrt erweist sich erst recht für die Kirche die Gültigkeit der 2. Barmer These. Christen stehen nicht beleidigt in der Ecke und verweigern die Mitarbeit. An alten Pfründen festhalten zu wollen würde bedeuten, die Wende zu verschlafen. Geistlich würde es bedeuten, Gott zu verfehlen. Im Gekreuzigten war und ist uns dieser Gott schon immer voraus ins neue Land. Seine grenzenlose Liebe, sein Bitten um Versöhnung, seine Machtlosigkeit angesichts rigider Machtinteressen, seine Treue angesichts so ungezählter Lieblosigkeiten sind die Erweise seines Friedens, der höher ist als alle Vernunft.

So steht die Bitte des Jeremia erst recht heute in Geltung: *Suchet der Stadt Bestes ... und betet für sie zum HERRN.* Wir alle brauchen den Buß- und Bettag, denn noch haben wir der Stadt Bestes nicht gefunden; und immer wieder muß jenen gehörig widersprochen werden, der hier und da einen Fund vorgeben, der sich bei näherem Hinsehen als alter Hut entlarvt. Und: wir alle müssen ermutigt werden, in der Bitte um der Stadt Bestes nicht nachzulassen, *denn wir haben hier keine bleibende Stadt, sondern die zukünftige suchen wir* (Hebr. 13,14).

ARBEITSHILFEN FÜR GOTTESDIENSTE

Eine Vorbemerkung zum Predigttext und zur Predigthilfe:

Wir haben uns darauf verständigt, nicht den für die Reihe VI vorgesehehen Predigttext einzuplanen. Sämtliche veröffentlichten Predigtmeditationen für die Reihe VI konnten im Vorbereitungsstadium noch davon ausgehen, daß der Buß- und Bettag ein staatlich geschützter Feiertag ist. Indem wir auf das *Evangelium* Bezug nehmen (Reihe I) können wir erstmals eine Predigtmeditation veröffentlichen, die bereits unter der Vorgabe der augenblicklich geltenden staatlichen Regelung ausgearbeitet worden ist. Der Calwer Verlag in Stuttgart hat uns gestattet, den für die Calwer Predigthilfen (CPh I/2) vorgesehenen Beitrag vorab übernehmen zu dürfen. Dafür möchten wir dem Verlag (und namentlich Herrn B. Brohm sowie dem Herausgeber des Bandes I/2, Herrn Prälat Dr. H. Barié) herzlich danken. Die Predigthilfe wurde erarbeitet von Pfarrer Jochen Fetzner, der als Schulpfarrer in St. Georgen lebt.

Calwer Predigthilfen für den Buß- und Bettag 1997
Predigtperikope Reihe I, Lukas 13, (1-5) 6-9

Jochen Fetzner

Vorbemerkung:

Der Buß- und Bettag als eigenständiger Feiertag ist seit 1995 Vergangenheit. Die Proteste von Seiten der Kirchenleitungen gegen die Abschaffung dieses Feiertages kamen recht spät, vielleicht auch zu halbherzig. Sie blieben jedenfalls erfolglos. Diejenigen, die diesen Tag verständnisvoll „opferten", argumentierten überwiegend im Sinne der ersten reformatorischen These Luthers. „Warum soll Buße, soll Einkehr bei sich und Umkehr zu Gott auf *einen* Tag beschränkt sein? Bußtag ist immer!" Aber deuten beide Reaktionen nicht darauf hin, daß das Anliegen des Bußtages und der Buße überhaupt in unserer Zeit zusehends schwieriger zu begreifen und zu vermitteln ist? Einer älteren Generation war der Bußtag, wenigstens dieser *eine* Tag heilig, d.h. unantastbar. Und wenn auch sonst viele das ganze Jahr über die Kirche nicht betreten mochten, an diesem Tag – mitten in der Woche! – ging man, schwarz gekleidet, zu Predigt und Abendmahl. Trotz des düster-feierlichen Doppelcharakters und der damit verbundenen Einseitigkeit des Bußverständnisses, barg der eigenständige Bußtag ein eminentes seelsorgerlich-therapeutisches Element: „Es gibt einen ausgesonderten Tag im Jahr, an dem kann ich – und will ich! – mit meinem Gott ins Reine kommen und meinen ‚Kontostand bei Gott' begradigen."

Unsere Erfahrungen vor Ort aus dem letzten Jahr, dem Jahr 1 nach der Abschaffung des gesetzlich geschützen Bußfeiertages, waren verblüffend. Der gut 90-minütige Abendgottesdienst am Bußtag selbst war so gut besucht wie sonst selten andere Gottesdienste. Von Jugendlichen mitvorbereitet und mitgestaltet, vereinte der Gottesdienst jung und alt. (Die Älteren waren ihrer Gewohnheit entsprechend vorwiegend schwarz gekleidet.) Ob sich hinter dem auffallend guten Gottesdienstbesuch eine urevangelische Protestreaktion andeutete: „Wir lassen uns in Glaubensdinge nicht hineindiktieren! Jetzt erst recht!"? Oder bleibt diese Erfahrung eine Ausnahme? Wird die

Kirche im Volk, der allgemeinen Auflösungstendenz folgend, weiter abbröckeln? Was wird als nächstes gestrichen?

Annäherung

Die beiden Perikopenabschnitte aus Lk. 13, das Lehrgespräch in VV1-5 und die Parabel vom Weinbergbesitzer und seinem unfruchtbaren Feigenbaum in VV6-9, benötigen einen *zweiten* Blick, ein tieferes Hinsehen, um Mut zu machen. Mut, den es bedarf, um über diesen Text evangelisch, dem Evangelium gemäß, also befreiend, frohmachend zu predigen.

Der Text wurde von mir mehrfach verschiedenen Altersgruppen vorgelegt. Die *erste* Assoziation und Reaktion ist fast überall dieselbe: „Hier wird der Bußernst hervorgekehrt, Druck gemacht, Angst erzeugt. Aber Angst lähmt, blockiert, läßt die Rolläden heruntersausen." Umkehr unter solchen Umständen? Und selbst wenn es sie gäbe, eine von Warnungen und Drohungen begleitete, erzwungene Umkehr, so führte sie doch nur scheinbar zum selben Ergebnis wie ein freiwilliges, sehnsüchtiges Sich-Fallenlassen in die bergenden Vaterhände Gottes. Der Unterschied ist zumindest psychologisch eklatant: Wenn ich muß, ist das etwas völlig anderes, als wenn ich will, ja, nichts lieber will.

Vielleicht motiviert der erste, abschreckend wirkende Blick ja gerade zu einem *Streit* mit der Perikope: Hat Jesus es wirklich nötig, das Geschäft mit der Angst? Kann sich eine Kirche, die über Hunderte von Jahren mit Gott tatsächlich zu drohen vermochte, am Ende doch auf Jesus berufen? Und ist das nicht gerade stereotyp für „Religion", daß sie erst Angst macht, um schließlich ein werbewirksames und kostspieliges Angebot gegen die Angst zu setzen? Oder muß dieser Textabschnitt aus dem lukanischen Sondergut – gerade in seiner für eine evangelische Predigt unaufgebbaren Einheit der VV1-5 und VV6-9 – nicht doch von vornherein als Evangelium *gegen* die Angst, als Zeichen für die befreiende und einladende Hand Gottes verstanden werden?

Zur Beschäftigung mit dem Text könnte auch die *bedrängende Frage* aus dem Lehrgespräch (VV1-5) einladen, die bis heute nichts an Schärfe und Aktualität verloren hat und die sich als Theodizeefrage längst einen Namen gemacht hat: Warum läßt Gott zu, daß es ungerecht zugeht auf dieser Welt?

Warum müssen immer wieder und so viele „Unschuldige" sterben? Hat Gott denn nicht die Fäden in der Hand? Lesen, sehen oder hören wir die Nachrichten aus aller Welt! An jedem beliebigen Tag wiederholen sich die Hiobsbotschaften in immer neuen Variationen. Mal sind es einzelne, mal Hunderte Opfer. Es wird keinem schwerfallen, seine Predigt mit einem Dutzend brandaktueller Beispiele zu spicken. Längst sind wir unfähig, die Vielzahl der Unglücksnachrichten zu sortieren, geschweige denn betroffen aufzunehmen. So nagen namenloses Elend und maßloses Leid zumeist dumpf in sprachloser Tiefe. Denn tief verwurzelt ist das kausale Denken, ist das Vergeltungsdenken und das Bedürfnis, daß es, zumindest was uns und unsere Umgebung betrifft, mit rechten Dingen zugeht. Solange der Tun-Ergehen-Zusammenhang scheinbar aufgeht und schlüssige Erklärungsmuster zur Verfügung stehen, kommen wir mit Gott und der Welt zurecht. (Man denke z.B. an Reaktionen Mitte der Achtziger Jahre, als die AIDS-Problematik an die Öffentlichkeit drang: „Das ist die Geisel Gottes für die Sünde der Homosexualität!") Aber wehe, wenn der berechenbare Rahmen gesprengt wird, wenn es „Unschuldige" trifft, wenn Blutvergießen und Terror, wenn Katastrophen und Leid wild um sich greifen und willkürlich bald diese, bald jene und – bewahre! – auch uns zur Strecke bringen! Wenn das Leben unberechenbar wird, entwickeln sich ohnmächtige Angst, Wut, Verdrängung, Fatalismus, stumpfe Resignation und Irrsinn. Oder aber vertrauender, handlungsbereiter Glaube.

Biblische Zusammenhänge und Auslegung

In der unmißverständlichen Aufforderung zur Umkehr (VV3+5) bleibt Jesus seiner zentralen Botschaft, die er von Anfang an verkündigt, treu. Den Bußruf des Täufers (Mt. 3,2) aufnehmend, ruft Jesus angesichts der drängenden Zeit – „ ... denn das Himmelreich ist nahe herbeigekommen" – zur Umkehr auf (Mt. 4,17). Allerdings sind *Rahmen* und *Anlaß* im vorliegenden Abschnitt *originell*. Einige Leute berichten Jesus von einem grausigen Massaker, das Pilatus am Jerusalemer Tempel an Galiläern verüben ließ. (Der Vorfall ist in außerbiblischen Quellen nirgendwo erwähnt, paßt aber in das Bild, das Josephus und Philo insgesamt von Pilatus entwerfen.[1] Offensichtlich muß sich Jesus zum Zeitpunkt des Geschehens, das sich vermutlich während eines nicht näher zu bestimmenden Wallfahrtsfestes zutrug, außerhalb Jerusalems aufgehalten haben.) Zweierlei könnte hinter dem Bericht stecken:

1. Eine *Falle*: Jesus soll Stellung beziehen, Partei ergreifen, sich politisch festlegen. Verurteilt er das Massaker an den Galiläern, – „Galiläer" wurden die Zeloten genannt[2], ferner galten die Galiläer insgesamt als „von früher Jugend an kriegerisch"[3] und rebellisch – so stellt er sich hinter das revolutionäre Anliegen des gewaltsamen Umsturzes der römischen Herrschaft im Land. Verteidigt er etwa die blutrünstige Aktion, stellt er sich selbstredend ins Abseits, weil hier zumindest eine grobe Verletzung der „Menschlichkeit" vorliegt. Ist der Bericht als Fangfrage gedacht, so zieht sich Jesus geschickt aus der Affäre. Er dreht den Spieß um. In der Tat gibt es für ihn keine Zuschauerrolle, kein neutrales sich Heraushaltenwollen, kein „sitting on the fence".[4] Was da unter dem Befehl des Pilatus so unglaublich brutal geschehen ist, hat Konsequenzen und nötigt zu persönlicher Stellungnahme. Aber nicht etwa für oder gegen Pilatus oder die betroffenen Opfer. Da bliebe immer noch zuviel Distanz und Unverbindlichkeit. Wie schon in der Perikope vom Zinsgroschen (Lk. 20,20-26) erhält bei Jesus jede noch so vorder- oder hintergründig gestellte Frage eine theologische Dimension: Die eigene Stellung – gegenüber Gott – ist angefragt. Und mit der steht Entscheidendes auf dem Spiel. Tod oder Leben. „Wenn ihr nicht Buße tut ..." Schärfer kann man einen Spieß nicht umdrehen. Mehr kann ein Fallensteller nicht pikiert werden.

2. Eine offene *Frage*: Jesus soll erklären, weshalb die Galiläer sterben mußten; er soll das Denkschema erhärten, dem seine Gegenüber verhaftet sind: „Die da so unmenschlich ums Leben kamen, müssen besonders schlimme Sünder gewesen sein!" Noch in bestialischer Grausamkeit *muß* doch Gerech-

---

[1] Z. B. Josephus, Jüdischer Krieg, II, 169ff.
[2] Gottfried Voigt, Homiletische Auslegung der Predigttexte. Reihe I, Der Schmale Weg, 1984, S. 493.
[3] Josephus, Jüdischer Krieg, III, 42.
[4] Englische Redewendung, wörtlich: „auf dem Zaun sitzen", d. h. aus sicherer Entfernung heraus beobachten, ohne sich persönlich auf das Geschehene einzulassen.

tigkeit walten, müssen – und wenn es versteckte Übel sind – zuvor begangene Sünden vergolten werden. So abwegig ist diese Denkweise nicht, benutzt doch das Hebräische die Begriffe *»awon«* und *»hattat«* synonym für ‚Schuld' *und* ‚Strafe'.[5] Jesus greift diese Frage (von sich aus) auf und spitzt sie mit seinem eindeutigen „Nein!" theologisch aufs Schärfste zu. Mit seinem „Nein!" zum Vergeltungsdenken schafft er ja erst die eigentlich bedrängende Frage. Denn wenn hier keine erkennbar „schlimmere", wenn überhaupt keine benennbare, menschliche Schuld *vergolten* wird, wenn also „Unschuldige" daran glauben müssen, so muß das Geschehen auf Gott zurückfallen. Auch wenn Pilatus ohne Zweifel ein machtlüsterner, gewalttätiger Tyrann ist, darf denn Gott zulassen, daß andere Menschen unter seiner Tyrannei einfach dahingemetzelt werden? Darf fremde Schuld so weitreichend zerstörerische Konsequenzen haben? Kann Gott da einfach zuschauen?

Mit der Erwähnung des umgestürzten Turmes in Siloah, einem lokalen, tragischen Bauunglück mit 18 Toten, setzt Jesus noch eins drauf. Er steigert damit die bedrängende Frage: Es „erwischt" eben nicht nur Galiläer, diese Heiden und Zeloten; auch Jerusalemer Bürger, Juden, Gottes Erwählte, sind von unerklärlichem Leid nicht ausgenommen. Ja gibt es dann überhaupt noch eine Gerechtigkeit Gottes, wenn auch seine eigenen Leute einer Katastrophenlaune anheimgegeben sind? Und wieder der Gipfel des Ganzen in der persönlichen Zuspitzung, erneut eingeleitet durch die jesuanische Offenbarungsformel „Ich sage euch": „Wenn ihr nicht Buße tut, werdet ihr alle auch so umkommen." Damit ist die Verunsicherung seiner Gegenüber auf die Spitze getrieben.

Jesus reißt die Theodizeefrage auf, aber er beantwortet sie nicht; nicht in dem Sinn, daß sie den Intellekt befriedigte, berechenbare Zusammenhänge zwischen Schuld und Strafe herstellte oder eine sachliche Distanz erlaubte; er benutzt – wie schon in Joh. 9 bei der Heilung des Blindgeborenen – die Frage, um herkömmliche Erklärungsmuster niederzuschlagen und jede Distanz aufzubrechen. Die Theodizeefrage, alles, was an Leid geschieht, soll auch den noch, der das Leid nur von außen mitansieht, in die Krise, in die Entscheidung rufen.

---

[5] Gerhard von Rad, ThAT I, S. 263ff und 382ff.

Hier und heute gilt es mit dem Geschenk des Lebens, mit dem Geschenk der Lebenszeit umzugehen, zur Ehre Gottes. Weiter löst Jesus das unergründliche Geheimnis der Theodizee (noch) nicht auf. Erst in seinem eigenen Leiden und Sterben gewinnt die Frage noch einmal eine Verschärfung und damit eine Wendung: selbst der Sohn Gottes unterliegt als unschuldiges Opfer der zerstörerischen Gewalt menschlicher Grausamkeit und Schuld.

Was den zweiten Abschnitt der Perikope betrifft, so bestehen zahlreiche Verknüpfungen zu AT und NT. In Jesaja 5,1-7 finden sich die Motive vom Weinbergbesitzer und seinem nach allen Regeln der Kunst gepflegten, aber trotzdem unbegreiflich unfruchtbaren Weinberg, von der Enttäuschung über die erwartete, aber ausgebliebene Frucht, und schließlich von der angedrohten Konsequenz seiner ihn vernichtenden Preisgabe. Jes. 5,7 deutet den Weinberg als „das Haus Israel". (Vgl. auch Ps. 80,9ff und Mi. 7,1.) Aber auch der Feigenbaum ist Symbol für das Volk Gottes (vgl. Jer. 24,2ff; Hos. 9,10ff). Erneut besteht eine Parallele zur Predigt des Täufers (vgl. Lk. 3,9): „Es ist schon die Axt den Bäumen an die Wurzel gelegt." Daß das unfruchtbare Gewächs seinen Existenzgrund verfehlt und darum entfernt werden muß, ist wiederholt gebrauchtes Gedankengut (vgl. Joh. 15,2.5; Mt. 21,18ff, aber auch außerbiblisch in den syrischen Achikarparabeln). *Drei* Jahre unfruchtbar: Die Drei symbolisiert die Endgültigkeit (vgl. 5. Mose 17,6; Hi. 33,29; 2. Kor. 12,8). *Originell* dagegen ist der *Einspruch* des Weingärtners, der – weil Feigenbäume sonst keinerlei Pflege brauchen und dennoch das ganze Jahr über (!) sehr fruchtbar sind[6] – Außergewöhnliches vorhat: Er will 1. „um ihn herumgraben", also den umgebenden Boden auflockern, (was sonst höchstens bei Weinstöcken praktiziert wurde) und 2. ihn düngen, wrtl. „Mist hinwerfen", was nicht weniger ungewöhnlich ist. Der Weingärtner versucht mit letztmöglicher Anstrengung, mit persönlicher, intensiver Zuwendung eine Wende herbeizuführen. Durch seinen Einspruch gegen das Urteil des Weinbergbesitzers und seinen Einsatz stundet er die bereits (endgültig) abgelaufene Frist des Fei-

---

[6] Calwer Bibellexikon, 4. Auflage, S. 184.

genbaumes um ein weiteres Jahr. Jetzt *wird* doch wohl, jetzt *muß* Frucht wachsen. Alles andere wäre völlig unbegreiflich!

Wenn im NT von Frucht die Rede ist, so wird sie vor allem als Wirkung des Heiligen Geistes gesehen (Gal. 5,22f; Eph. 5,9). Frucht wächst mit Zeit. Wachstum ist ein natürlicher Prozeß, und nicht mit Streß oder Krampf verbunden. Die eigentliche geistliche Frucht ist der sich an Gottes Liebe kindlich freuende Glaube, der durch die Liebe tätig ist (Gal. 5,6). Bei dieser Zuwendung und Intensivpflege *muß* Frucht wachsen! Käme es wirklich anders, dann – in der Tat – bliebe nur das endgültige Heraushauen des Feigenbaumes.

Wir befinden uns hier im theologischen Zentrum der Perikope und im Zentrum der neutestamentlichen Theologie. Die Fürsprache Jesu (vgl. Lk. 22,32; Joh. 17,9ff; – das Motiv persönlicher Fürsprache begegnet im AT schon bei Abraham in 1. Mose 18,23ff und Mose in 2. Mose 32, 11ff —), mehr noch, der persönliche Einsatz seines Lebens (Mk. 10,45 u.a.) ist die einzige Basis, auf der Buße, Umkehr, Hinkehr, Heimkehr zu Gott möglich ist. Weil sich uns Jesus unbegreiflich geduldig, liebevoll und unter Aufopferung seines Lebens zuwendet, macht auch der Ruf zur Umkehr Sinn. Es wird in jedem Fall eine Umkehr in die Arme der Liebe sein. Ohne den Lebenseinsatz des Weingärtners wäre der Ruf zur Umkehr wohl bloßer Appell, der verhallt.

Anders mag es mit alternativen Formen gebotener Umkehr im Bereich der Ökologie, Aufrüstung, Ökonomie sein. Hier zeichnen sich bereits sichtbare, bedrohliche Wolken am Horizont ab, die einsichtig machen, daß das menschliche Leben auf diesem Globus über kurz oder lang wirklich verspielt ist, wenn nicht eine radikale und kollektive Umkehr erfolgt.

Theologische Entscheidungen

Die Grundthematik der Perikope entspricht dem, was Paulus unüberbietbar als soteriologisches Paradoxon in Phil. 2,12f so formuliert hat: „Schaffet, daß ihr selig werdet, mit Furcht und Zittern. Denn Gott ist's, der in euch wirkt beides, das Wollen und das Vollbringen, nach seinem Wohlgefallen." Imperativ und Indikativ, Gesetz und Evangelium in untrennbarer Einheit. Es gilt der Ernst der eigenen Entscheidung. „Gott wirkt in uns *nicht ohne uns*"[7], konnte Luther in seinem reformatorischen Hauptwerk sagen. Aber eben: *Gott wirkt!* Und dieses Wirken Gottes, vom Text her genauer: Der Einsatz des Weingärtners, seine Intensivpflege ist die *prima causa;* die Umkehr, die wachsende Frucht dagegen nichts anderes als – eigentlich logisch folgende, darauf antwortende – *secunda causa.* Die VV1-5 lassen sich nicht predigen ohne die nachfolgende Parabel, die m.E. statt „Gleichnis vom (unfruchtbaren) Feigenbaum", besser als „Gleichnis vom liebevollen Weingärtner" überschrieben sein sollte. Noch einmal: Buße, Umkehr zu Gott ist nicht anders möglich als Antwort auf die einladende Liebe Gottes. Daß der Horizont in beiden Abschnitten der Perikope dennoch offen bleibt und ein Ausbleiben der Frucht trotz allen Einsatzes von Seiten des Weingärtners mehr ist als theoretische Fiktion, das gehört zu den Dingen, die unbegreiflich sind und damit unerklärbar bleiben. In keinem Fall möchte ich aber die letzte Drohung der Parabel – „... wenn aber nicht, so hau ihn ab" in der Geschichte Israels mit der Zerstörung Jerusalems und der Vertreibung der Bevölkerung gedeutet wissen, wie das manche Ausleger tun.[8]

Homiletisch-seelsorgerliche Erwägungen

In den Vorgesprächen zum Text konnte jemand nach dem ersten Höreindruck äußern: „Vorsicht! Diesen Text darf man nicht jedem predigen!" Und eine Frau äußerte: „Dieser Text verstärkt in mir die Angst, daß mir etwas Schlimmes passiert!" Es ließe sich mit Lk. 13 den Predigthörern gewaltig ins Gewissen reden und die ohnehin schon Skrupelhaften weiter verstören. Wehe auch, wer den Text mißbraucht, um seinen eigenen Frust über die Gemeinde, über die Kirche im allgemeinen abzulassen. Wer den Text nicht seelsorgerlich-ermutigend anpackt, d.h. von dem Gedanken, daß sich Jesus uns um so mehr zuwendet, je nötiger wir ihn (als unfruchtbare Feigenbäume) haben, der lasse besser die Finger von ihm. Freilich, auf dieser Basis darf mit Nachdruck zur Umkehr eingeladen werden.

---

[7] Martin Luther, Ausgewählte Werke. Daß der freie Wille nichts sei, München 1993, S. 200.

[8] So z. B. Gerhard Maier in seinem Bibelkommentar, Band 5, Lukas-Evangelium, 2. Teil, Stuttgart 1992, S. 206.

Und der mag – je nach Ort und Umfeld – durchaus konkrete Züge erhalten.

Wieviel Gewicht die Theodizeeproblematik innerhalb der Predigt bekommen sollte, muß jede/r für sich entscheiden. Sicher ist die „Warum-Frage“ eine der bedrängendsten und auch verbreitetsten Fragen, ob sie von PredigthörerInnen nun lediglich theoretisch oder aus eigener, leidvoller Erfahrung heraus geäußert wird. Daß Jesus das Vergeltungsdenken als gängige Antwort ablehnt und durchstreicht und einen anderen, offenen Ansatz anbietet, ist zumindest ein erwähnenswerter Aspekt.

Anregungen, Anstöße, Kontraste

Einen aktuellen Aufschrei der Theodizeefrage liefert der amerikanische Megastar Michael Jackson in seinem „Earth song“, in dem durchaus Gott angeredet sein soll: „What about sunrise? What about rain? What about all the things, that you said we were to gain? What about killing fields? ... What about all the peace, *that you pledge your only son?* What about the seas? What about the bleeding earth? ... What about children dying? ...“

Schwieriger wird es mit Beispielen für den zweiten Teil. In unserer Leistungsgesellschaft erfahrbar und mit Händen zu greifen ist der Aspekt des Ausgemerztwerdens, wenn jemand nichts (mehr) „bringt“. Aber wo spiegeln sich Erfahrungen der intensiven Zuwendung gerade dem „looser“ gegenüber? Man mag ja nicht immer Mutter Theresa erwähnen müssen ...

Von der verantwortungsvollen Einstellung der eigenen, begrenzten Lebenszeit gegenüber sei an Ingeborg Bachmanns „auf Widerruf gestundete Zeit“ erinnert.

Zur Predigt

Zur möglichen Gliederung. Die beiden Hauptteile:

Nagende Fragen – sie bleiben. Weiter führt, Vertrauen zu zeigen.

Fruchtbares Leben – wer bringt es? Weil ER für uns da ist, gelingt es!

Folgen wir im ersten Teil dem Aufriß des Lehrgespräches, so wird am Anfang der Predigt mit einem kurz ausgeführten, möglichst aktuellen „Fall“ die notvolle Frage nach dem „Warum?“ zu stellen sein. Daß in der Auswahl des „Falles“ seelsorgerliche Behutsamkeit walten muß, versteht sich von selbst. Wer im Gottesdienst viele junge Gegenüber hat, mag es auch mit Michael Jacksons „Earth Song“ – warum nicht teilweise eingespielt? – versuchen. Wer mutig ist, – und das auch möglichst mit der Gemeinde schon geübt hat! – stellt danach die Frage offen in den Raum und läßt aus der Mitte der PredigthörerInnen Beiträge dazu äußern. (Sensibel gefragt und ohne Druck klappt es wirklich!) Es wären dann einige geläufige Denkmuster zu bedenken und die große, befreiende (Teil-)Antwort Jesu: Nein zum Vergeltungsdenken, zum kausal-mechanistischen Aufrechnen. (Es geht den meisten von uns hier ohnehin viel besser, als wir es je verdient hätten!!) Nicht eine mental-intellektuelle Antwort, die uns von außen gegeben wird, führt weiter, sondern eine Antwort, die wir mit unserem Leben, unserer ganzen Person geben: Die Antwort des Vertrauens. Und gerade dieses Vertrauen befähigt zum Handeln!

Wer die VV1-5 predigt, darf auf keinen Fall auf VV6-9 verzichten. Allerdings könnten die VV6-9 allein eine Predigt füllen. Der Predigteinstieg wäre dann mit dem Hauptmotiv der Parabel, der aufopferungsvollen Zuwendung gerade gegenüber den „schwierigen Pflänzchen“ denkbar. Vor allem in ländlicher Gegend, wo viele in großer Liebe und Ausdauer jede freie Minute in ihren Garten investieren, wird die Haltung des Weingärtners, aber auch des Weinbergbesitzers auf Verständnis stoßen. Ja, wahrscheinlich würde kaum ein Gartenliebhaber so viel Geduld aufbringen wollen mit „faulen“ Bäumen und Gewächsen, wie es der Weinbergbesitzer tut.

Von hier aus wären dann leicht – ohne der Gefahr des Dogmatismus zu verfallen! – „christologische Ermutigungen“ zur Sprache zu bringen. Nicht die Axt, den Spaten nimmt er zur Hand. Nicht zum Gericht, zur Aufrichtung ist er gekommen. Es soll mit uns gut werden.

Schließen darf / muß eine Bußtagspredigt offen. Warum nicht mit einigen persönlichen Fragen? Warum nicht mit einer Zeitlang Stille, in der das Gehörte noch einmal bedacht und eine Art persönlicher Antwort gegeben werden kann? Als Antwort böte sich auch Lied 406 (EG) mit den Strophen 1-3 an.

Entwurf für einen Gemeindegottesdienst am Buß- und Bettag

Reiner Marquard

Lieder (Psalm): 145,1-4 (oder 242,1-3); Ps 727; 235,1-4; 632,1-5; 178.12; 157
L: Röm 2,1-11 (Epistel) P: Lk 13, (1-5).6-9 (Evangelium)

Orgelvorspiel

Eingangslied: 145,1-4 (oder 242,1-3)

Votum:

Gerechtigkeit erhöht ein Volk,
aber die Sünde ist der Leute Verderben.
Mit diesem ernsten Wort aus den Sprüchen Salomos (14,34)
grüßen wir uns zu diesem Gottesdienst am Buß- und Bettag.

[U.U. Hinweise auf besondere Gewichtungen und Akzente des je eigenen Gottesdienstes]

Mit einem anderem Wort aus den Sprüchen Salomos wollen wir uns auf diesen Gottesdienst einstimmen:
Ein hörendes Ohr und ein sehendes Auge,
die macht beide der Herr (20,12).
So sind wir jetzt zusammen:
Im Namen des Vaters
und des Sohnes
und des Heiligen Geistes.
Amen.

Eingangsspruch:

Wir beten im Wechsel den 51. Psalm miteinander (EG 727):

Gott, sei mir gnädig nach deiner Güte,
und tilge meine Sünden nach deiner großen Barmherzigkeit.
  Wasche mich rein von meiner Missetat,
  und reinige mich von meiner Sünde;

denn ich erkenne meine Missetat,
und meine Sünde ist immer vor mir.
An dir allein habe ich gesündigt
und übel vor dir getan,
auf daß du recht behaltest in deinen Worten
und rein dastehst, wenn du richtest.
Siehe, dir gefällt Wahrheit, die im Verborgenen liegt,
und im Geheimen tust du mir Weisheit kund.
Laß mich hören Freude und Wonne,
daß die Gebeine fröhlich werden, die du zerschlagen hast.
Verbirg dein Antlitz vor meinen Sünden,
und tilge alle meine Missetat.
Schaffe in mir, Gott, ein reines Herz,
und gib mir einen neuen, beständigen Geist.
Verwirf mich nicht von deinem Angesicht,
und nimm deinen heiligen Geist nicht von mir.
Erfreue mich wieder mit deiner Hilfe,
und mit einem willigen Geist rüste mich aus.

Kommt, laßt uns anbeten!

Ehr' sei dem Vater und dem Sohn und dem Heiligen Geist,
wie es war im Anfang, jetzt und immerdar
und von Ewigkeit zu Ewigkeit.
Amen.

Sündenbekenntnis:

Gott,
wie arm sind wir,
weil wir mit leeren Händen dastehen
und so wenig helfen können.
Soziale Härten nehmen unter uns zu,
sie teilen unsere Gesellschaft.
Arbeit und Gesundheit haben einen hohen Wert.
Wertvoll - wertlos - wie gefährlich ist das,
gemessen daran,
daß du jede und jeden von uns uneingeschränkt
im Kreuz Jesu Christi wahrnimmst!
Die vielfältige Not

wie unser eigenes Versagen
machen uns selbst hilflos
und weisen uns immer wieder den Weg zu dir.
Laß uns auf deine Güte hoffen bei uns
und helfen,
der Güte menschlichen Lebens Bahn zu schaffen.

So rufen wir zu dir:

Herr, erbarme dich!

Herr, erbarme dich!
Christe, erbarme dich!
Herr, erbarm dich über uns!

Gnadenzuspruch:

Der Apostel Paulus schreibt im 2. Korintherbrief (5,19):

Gott war in Christus
und versöhnte die Welt mit sich selber
und rechnete ihnen ihre Sünde nicht zu
und hat unter uns aufgerichtet
das Wort von der Versöhnung.

Ehre sei Gott in der Höhe!

Ehre sei Gott in der Höhe und auf Erden Fried,
den Menschen ein Wohlgefallen.

Kollektengebet:

Gott, Schöpfer unseres Lebens,
du suchst Menschen,
die dir die Treue halten
und so dem Leben dienlich sind.
Durch das Kreuz Jesu schaust du uns an.
Deshalb bitten wir dich in Zuversicht:
Geist Gottes,

bewahre uns
vor Trägheit und Menschenfurcht.
Laß uns das Geheimnis des Glaubens
wieder und wieder
in Freude und Dankbarkeit
feiern in unseren Gottesdiensten...

...durch Jesus Christus, unseren Herrn.

Amen.

Schriftlesung (Epistel): Röm 2,1-11

[Eine einführende Bemerkung kann helfen, den Text nicht antijudaistisch mißzuverstehen:]

Die heilsgeschichtliche Unterscheidung (in V.9f.: Juden und Griechen) wird überboten durch die Unterscheidung derer, die die Güte Gottes verfehlen oder sich nach ihr ausrichten. Paulus verstärkt also keine antijudaistische Tendenz, die Epistel ist ein Aufruf zum Glaubensgehorsam.

(1) Darum, o Mensch, kannst du dich nicht entschuldigen, wer du auch bist, der du richtest. Denn worin du den andern richtest, verdammst du dich selbst, weil du ebendasselbe tust, was du richtest. (2) Wir wissen aber, daß Gottes Urteil recht ist über die, die solches tun. (3) Denkst du aber, o Mensch, der du die richtest, die solches tun, und tust auch dasselbe, daß du dem Urteil Gottes entrinnen wirst? (4) Oder verachtest du den Reichtum seiner Güte, Geduld und Langmut? **Weißt du nicht, daß dich Gottes Güte zur Buße leitet?** (5) Du aber mit deinem verstockten und unbußfertigen Herzen häufst dir selbst Zorn an auf den Tag des Zorns und der Offenbarung des gerechten Gerichts Gottes, (6) der einem jeden geben wird nach seinen Werken: (7) ewiges Leben denen, die in aller Geduld mit guten Werken trachten nach Herrlichkeit, Ehre und unvergänglichem Leben; (8) Ungnade und Zorn aber denen, die streitsüchtig sind und der Wahrheit nicht gehorchen aber der Ungerechtigkeit; (9) Trübsal und Angst über alle Seelen

der Menschen, die Böses tun, zuerst den Juden und ebenso den Griechen; (10) Herrlichkeit aber und Ehre und Frieden allen denen, die Gutes tun, zuerst den Juden und ebenso den Griechen. (11) Denn es ist kein Ansehen der Person vor Gott.

Ehre sei dir, Herr!

Lob sei dir, o Christe!

Glaubensbekenntnis

Ich glaube an Gott,
den Vater, den Allmächtigen,
den Schöpfer des Himmels und der Erde,

und an Jesus Christus,
seinen eingeborenen Sohn, unsern Herrn,
empfangen durch den Heiligen Geist,
geboren von der Jungfrau Maria,
gelitten unter Pontius Pilatus,
gekreuzigt, gestorben und begraben,
hinabgestiegen in das Reich des Todes,
am dritten Tage auferstanden von den Toten,
aufgefahren in den Himmel;
er sitzt zur Rechten Gottes,
des allmächtigen Vaters;
von dort wird er kommen,
zu richten die Lebenden und die Toten.

Ich glaube an den Heiligen Geist,
die heilige christliche Kirche,
Gemeinschaft der Heiligen,
Vergebung der Sünden,
Auferstehung der Toten
und das ewige Leben.

Amen.

Lied: 235,1-4

Predigt: Lk 13,(1-5).6-9

(1) Es kamen aber zu der Zeit einige, die berichteten ihm von den Galiläern, deren Blut Pilatus mit ihren Opfern vermischt hatte. (2) Und Jesus antwortete und sprach zu ihnen: Meint ihr, daß diese Galiläer mehr gesündigt haben als alle andern Galiläer, weil sie das erlitten haben? (3) Ich sage euch: Nein; sondern wenn ihr nicht Buße tut, werdet ihr alle auch so umkommen. (4) Oder meint ihr, daß die achtzehn, auf die der Turm in Siloah fiel und erschlug sie, schuldiger gewesen sind als alle andern Menschen, die in Jerusalem wohnen? (5) Ich sage euch: Nein; sondern wenn ihr nicht Buße tut, werdet ihr alle auch so umkommen.
(6) Er sagte ihnen aber dies Gleichnis: Es hatte einer einen Feigenbaum, der war gepflanzt in seinem Weinberg, und er kam und suchte Frucht darauf und fand keine. (7) Da sprach er zu dem Weingärtner: Siehe, ich bin nun drei Jahre lang gekommen und habe Frucht gesucht an diesem Feigenbaum, und finde keine. So hau ihn ab! Was nimmt er dem Boden die Kraft? (8) Er aber antwortete und sprach zu ihm: Herr, laß ihn noch dies Jahr, bis ich um ihn grabe und ihn dünge; (9) vielleicht bringt er doch noch Frucht; wenn aber nicht, so hau ihn ab.

Lied: 632,1-5

Kirchengebet:

Lasset und beten zum Herrn, unserem Gott:
-für alle, die die Dunkelheit unseres Lebens schmerzlich erfahren müssen,
für alle Kranken und Leidenden,
für alle, die einsam und hoffnungslos sind:
daß sie im Glauben an den Heiland
Heil und Genesung,
Kraft und Zuversicht finden.

Wir bitten: Kyrie, Kyrie eleison... (178.12)

Lasset und beten zum Herrn, unserem Gott:
-für alle, die im Dienst ihrer Mitmenschen stehen,
für alle, die sich um andere sorgen:
daß sie täglich neu die Kraft für diesen Dienst finden und dabei Freude erfahren dürfen.

Wir bitten: Kyrie, Kyrie eleison... (178.12)

Lasset und beten zum Herrn, unserem Gott:
-für unsere Angehörigen und Freunde und für alle,
deren Wohl uns besonders am Herzen liegt:
daß wir einander Licht und Hilfe sind
auf den Wegen unseres Lebens
und daß Gott seine schützende Hand über uns halte.

Wir bitten: Kyrie, Kyrie eleison... (178.12)

Lasset und beten zum Herrn, unserem Gott:
-für unsere verstorbenen Angehörigen,
daß wir ihnen ein liebendes Gedenken bewahren
und daß sie für immer aufgehoben sind in seiner Liebe.

Wir bitten: Kyrie, Kyrie eleison... (178.12)

Lasset und beten zum Herrn, unserem Gott:
-für unser Land,
daß Politikerinnen und Politiker sich ein Bewußtsein für die christlichen Wurzeln unserer Demokratie bewahren,
daß die Verantwortlichen in Kultur und Gesellschaft nicht billigerweise und zum Schaden unseres Landes auf den Beitrag der christlichen Religion verzichten.

Wir bitten: Kyrie, Kyrie eleison... (178.12)

Lasset und beten zum Herrn, unserem Gott:
-für uns selbst,
daß wir gestärkt durch diesen Gottesdienst
in Frieden miteinander leben und die Liebe Christi erfahren dürfen.

Wir bitten: Kyrie, Kyrie eleison... (178.12)

Laßt uns beten, wie Jesus Christus uns selbst gelehrt hat:

Vater unser im Himmel.
Geheiligt werde dein Name.
Dein Reich komme.
Dein Wille geschehe,
wie im Himmel, so auf Erden.
Unser tägliches Brot gib uns heute.
Und vergib uns unsere Schuld,
wie auch wir vergeben unsern Schuldigern.
Und führe uns nicht in Versuchung,
sondern erlöse uns von dem Bösen.
Denn dein ist das Reich und die Kraft und
die Herrlichkeit in Ewigkeit.
Amen.

Abkündigungen

Lied(vers): 157

Segen:

Der Herr segne dich und behüte dich,
der Herr lasse sein Angesicht leuchten über dir
und sei dir gnädig.
Der Herr erhebe sein Angesicht auf dich
und gebe dir +Frieden.

Amen.Amen.Amen.

Orgelnachspiel

Schulgottesdienst zum Buß- und Bettag

Uwe Ranft

Vorbemerkung

Die vorgeschlagenen Lieder entstammen dem *Evangelischen Gesangbuch.* Wichtig ist, daß das im Gottesdienst benutzte Liedgut den Kindern bekannt ist; gegebenenfalls sollten die Lieder vorher z. B. im Religionsunterricht eingeübt werden (siehe Unterrichtseinheit!).

Wenn die Vorbereitungszeit es erlaubt, sollten Schüler/-innen im Gottesdienst mitwirken; deshalb sind die liturgischen Texte bewußt in einfacher Sprache gehalten.

Wie überhaupt ein Schulgottesdienst generell erst davon lebt, daß er nicht *für die Kinder gehalten*, sondern *mit den Kindern gefeiert* wird.

Zur Raumgestaltung/Atmosphäre

Für viele Kinder ist die Kirche ein Raum, der durch seine Unbekanntheit vom gottesdienstlichen Geschehen ablenken, für Unruhe sorgen kann.

Deshalb ist es um so wichtiger, durch eine entsprechende *Raumgestaltung* den Blick der Schülerinnen und Schüler auf den Altarraum als dem Ort des gottesdienstlichen Geschehens zu konzentrieren. Zugleich kann die Gestaltung des Altarraums auf die Thematik des Gottesdienstes hinweisen: Für den hier entworfenen Schulgottesdienst soll hinter dem Altar ein Plakat/Tuch hängen mit dem Paul-Gerhardt-Wort (EG 133,8):

Du, Herr, hast selbst in Händen
die ganze weite Welt;
kannst Menschenherzen wenden,
wie dir es wohlgefällt.

Wo es zeitlich möglich ist, kann eine Lerngruppe/Klasse dieses Plakat/Tuch zuvor im Unterricht gestalten.

Um nach einem vielleicht längeren Weg zur Kirche für die notwendige ruhige Stimmung zu sorgen, empfiehlt es sich, bereits beim Einzug der Kinder in die Kirche leise, ruhige Musik anzubieten; die Beleuchtung sollte den Blick auf Altar und Kreuz lenken.

Leise (Orgel-)Musik beim Einzug

Begrüßung

Liebe Schülerinnen und Schüler, liebe Kolleginnen und Kollegen!
Ein Gottesdienst während der Schulzeit, mitten in der Woche - das ist ungewohnt. Normalerweise hättet Ihr jetzt Deutsch oder Mathematik oder Sachunterricht; stattdessen sind wir hierher in die Kirche gegangen. Und genau wie wir tun das heute viele evangelische Christen.
Das muß doch einen besonderen Grund haben!
Evangelische Christen feiern heute den Buß- und Bettag.
Etwas ist ungewohnt hier in der Kirche: Da hängt ein beschriebenes Tuch hinter dem Altar; wir wollen einmal gemeinsam lesen, was darauf steht:

Du, Herr, hast selbst in Händen
die ganze weite Welt;
kannst Menschenherzen wenden,
wie dir es wohlgefällt.

Diese Worte stammen von einem Mann, der vor mehr als 300 Jahren gelebt hat.
Und wenn Ihr fragt, warum dieses Wort von Paul Gerhardt, so hieß der Mann, hier heute in der Kirche hängt, dann sage ich jetzt nur soviel: Er hatte etwas ganz Wunderbares in der Bibel entdeckt und in diesem einen Satz zusammengefaßt.
Jetzt wollen wir aber zuerst ein Lied miteinander singen, das Ihr aus dem Religionsunterricht kennt und in dem der erste Teil des Satzes von Paul Gerhardt vorkommt:
Er hält die ganze Welt in seiner Hand.

Lied
EG 619, 1 - 4

Votum
Jesus hat uns versprochen:
„Wo Menschen sich in meinem Namen versammeln, da bin ich mitten unter ihnen."
Wir feiern diesen Gottesdienst im Namen des Vaters und des Sohnes und des Heiligen Geistes. Amen.

Eingangsgebet
Lieber Vater im Himmel!
In Deinem Haus sind wir jetzt versammelt. Wir wollen hören, was Du uns zu sagen hast; wir wollen von Deiner Liebe singen; wir wollen unsere Wünsche und Hoffnungen, unsere Sorgen und Ängste, unseren Dank vor Dich bringen.
Laß uns darauf vertrauen, daß Du da bist, wo Menschen sich in Deinem Namen versammeln, so wie Du es uns versprochen hast.
Amen.

Lied
Ein weiteres Lied wollen wir miteinander singen:
Ich lobe meinen Gott von ganzem Herzen
EG 272

Anspiel oder Sprechtext
Drei Kinder stehen vor dem Altar, jedes Kind hat ein Schulheft in der Hand. Das vierte Kind kommt später dazu, ebenfalls mit einem Heft.

K 1: Mensch, da hab' ich ja noch mal Glück gehabt mit der Mathearbeit! Zwei Arbeiten hab' ich schon verbaut, und jetzt eine „Zwei". Ihr glaubt gar nicht, wie meine Eltern sich gefreut haben!

K 2: Kann ich mir vorstellen! Wenn Du die auch noch verbaut hättest, dann hätte es wohl übel ausgesehen mit der Versetzung.

K 3: Daß die Arbeit so leicht wird, hätt' ich auch nicht gedacht. War echt anständig vom Müller, daß er nicht noch Textaufgaben reingebracht hat.
Viertes Kind kommt nach vorne.

Hey, sag mal, was ist denn Dir über die Leber gelaufen? Du guckst ja wie sieben Tage Regenwetter!

K 4: Ach, laß mich bloß in Ruhe!

K 3: Also ... Laß Deine schlechte Laune mal nicht an uns aus. Oder sag' wenigstens, was los ist!

K 4: Was soll schon los sein? Nix is' los. Vor allem mit der Mathearbeit war nix los.

K 1: Mensch, sag bloß, Du hast sie wieder ...

K 4: Ja, Du Schlaumeier, ich hab' sie wieder ...

K 2: Au Backe, und was hat Dein Vater dazu gesagt? Der war doch bestimmt stinksauer, oder?

K 4: Na ja, ... also ... eigentlich nicht.

K 1: Waaas? Der war nicht ...? Wieso denn das? Also wenn ich da an meinen denke ...

K 4: Also, wenn Ihr's unbedingt wissen wollt, der hatte gar keinen Grund, sauer zu sein.

K 3: Hä? Keinen Grund?

K 4: Keinen Grund. Ganz im Vertrauen ... er weiß gar nichts von der Arbeit. Was er nicht weiß, macht ihn nicht heiß.

K 3: Aber ... was ist denn mit der Unterschrift? Die sollen wir doch heute zeigen?

K 4: Zeig' ich sie eben. Guck mal!
Zeigt den anderen sein Heft
Ist doch prima gelungen, oder? Aber ... also ... also ein schlechtes Gefühl hab' ich schon. Irgendwie trau ich mich doch nicht, dem Müller die Arbeit so zu zeigen. Wenn der meinem Vater erzählt, daß ich ... Aber was soll ich denn machen? Und außer-

dem - das Verhältnis zu meinem Vater ist eh schon kaputt, der meckert doch sowieso bloß noch an mir rum.

K 1: Mensch, Urkundenfälschung nennt man das! Und ... wie die Unterschrift von Deinem Vater sieht das Gekritzel ehrlich nicht aus.

K 2: Hör mal, geh doch nach – oder besser noch: vor der Stunde zum Müller hin und sag' ihm, was los ist. Daß Du Angst hast vor Deinem Vater. Vielleicht läßt Müller ja mit sich reden. Vielleicht kann der auch mal mit Deinem Vater reden! Und Du fühlst Dich dann bestimmt auch nicht mehr so mies wie jetzt!

K 4: Meinst Du? Wenn ich bloß wüßte, ob Du recht hast.

Psalm 32, V. 2 + 3, 5 - 8 (Übers.: „Die Gute Nachricht")

Freuen dürfen sich alle,
denen Gott ihr Unrecht vergeben
und ihre Vergehen zugedeckt hat!
Freuen darf sich jeder,
dem der Herr die Schuld nicht anrechnet
und in dem keine Falschheit mehr ist.

Erst wollte ich meine Schuld verschweigen, Herr;
aber das machte mich so krank,
daß ich den ganzen Tag stöhnen mußte.

Da entschloß ich mich, dir meine Vergehen zu bekennen.
Ich gestand dir, was ich getan hatte.
Ich verschwieg dir meine Schuld nicht länger;
und du hast mir alles vergeben.
Darum soll jeder, der dir die Treue hält,
zu dir beten, wenn er in Not gerät.
Auch wenn Sturzfluten kommen,
werden sie ihn nicht erreichen.
Bei dir finde ich Schutz,
du hälst die Not von mir fern,
so daß ich über meine Rettung jubeln kann.
Der Herr verspricht dir:

„Ich sage dir, was du tun sollst,
und zeige dir den richtigen Weg.
Ich lasse dich nicht aus den Augen."

Damit wir alle über unsere vier Schüler und den Psalm nachdenken können, wollen wir jetzt einmal ein paar Minuten ganz still sein. Hier in der Kirche löschen wir das Licht; nur die Kerzen auf dem Altar lassen wir brennen; wer möchte, macht jetzt die Augen zu; Herr/Frau ... wird auf der Orgel spielen.

- Stille -

„Ich verschwieg dir meine Schuld nicht länger;
und du hast mir alles vergeben."
So haben wir es in dem Psalm aus dem Alten Testament gehört. Ich weiß nicht, und der/die N.N. aus unserem Anspiel weiß es auch nicht, wie der Mathelehrer reagieren wird, wenn er/sie ihm die Wahrheit sagt. Wird Herr Müller N.N. verstehen? Oder wird er nur sehen, daß da ein Schüler/eine Schülerin die Unterschrift des Vaters gefälscht hat? Wir werden es nie erfahren.
Viel wichtiger ist das, was wir im Psalm erfahren haben:
Wer Gott seine Fehler, sein Versagen bekennt, der kann hundertprozentig sicher sein, daß Gott ihm verzeiht.
Unvorstellbar? Vielleicht, weil wir immer daran denken, wie *Menschen* handeln würden. Aber Gott ist anders. Er ist und handelt anders, weil er uns bedingungslos liebt. Viel mehr, als ein anderer Mensch uns lieben kann. Egal, was wir getan haben - Gott liebt uns immer noch. Und weil er uns liebt, möchte er noch etwas anderes: Er möchte uns verändern.
Davon erzählt auch das Lied, das wir jetzt singen wollen.

Lied
Gottes Liebe ist wie die Sonne
EG 620, 1 + 2

Ansprache
Bevor ich Euch sage, welche Gedanken mir bei unserem Anspiel und dem Psalm gekommen sind, würde mich interessieren, wie Ihr denn unsere kleine Geschichte mit der Mathear-

beit, der gefälschten Unterschrift erlebt habt. Da sind ja schlimme Dinge gelaufen, aber ich glaube, die verbaute Mathearbeit war noch gar nicht das Schlimmste. Ist Euch denn noch etwas aufgefallen?

Spontane Antworten der Schülerinnen und Schüler zu Wort kommen lassen; in großen Kirchen/Räumen soll unbedingt ein Mikrofon benutzt werden, damit die Beiträge nicht verlorengehen. Zu erwarten ist, vor allem bei älteren Schülern, daß auch das Verhältnis Vater/Mutter - Sohn/Tochter angesprochen wird; u.U. auch spontane Äußerung eines Lehrers/einer Lehrerin.

Ihr habt Euch viele Gedanken über die Situation vor der Schule gemacht. Und Euch ist auch das Allerschlimmste aufgefallen: Das Kind kann nicht mehr offen mit seinem Vater reden! Es hat Angst, die Wahrheit zu sagen. Es hat sicher schon schlechte Erfahrungen mit seinem Vater gemacht - oder der Vater auch mit ihm. Ihr kennt vielleicht das Sprichwort:
„Wer einmal lügt, dem glaubt man nicht,
und wenn er auch die Wahrheit spricht."
Und so scheint es auch hier zu sein: Es gibt keinen Weg mehr zurück zu einem guten Verhältnis - zwischen den beiden ist sozusagen eine Brücke abgerissen worden. Vielleicht würde ja jeder von beiden gerne wieder von vorne anfangen, dem anderen die Hand zur Versöhnung reichen - aber das ist sehr, sehr schwer. Wenn man einander die Hand reichen will, dann muß **Vertrauen** da sein: Nur mit dem, dem ich vertraue, kann ich offen und ehrlich reden. Nur da, wo ich jemandem vertraue, kann ich einen schlechten Weg wie in unserer Geschichte verlassen.
Jeder Mensch macht in seinem Leben Fehler; immer wieder merken wir alle: Eben habe ich einen Menschen verletzt, ihm weh getan, ihn gekränkt. Und oft tut uns das auch gleich wieder leid - aber wie schwer ist es, dem anderen zu sagen:
„Es tut mir leid, verzeih' mir!"
Und da schweigt man denn, und der Graben zwischen mir und dem anderen Menschen wird immer tiefer. Vielleicht wollte man auch gar nicht den anderen kränken oder verletzen, da ist einem vielleicht irgendein böses Wort im Streit nur so herausgerutscht - und schon ist die Brücke zu ihm angeknackst.

Und auch wenn man sich vornimmt, daß so etwas nie wieder vorkommen soll - es passiert uns Menschen immer wieder! Und es wäre schlimm um uns bestellt, wenn ... wenn nicht Gott uns einladen würde:
„Sag' mir, was Dich bedrückt, wenn Du es dem anderen Menschen nicht sagen kannst. Wenn Du Angst hast, daß er Dir nicht verzeiht - ich verzeihe Dir; wenn Du Angst hast, daß Du immer weiter auf einem falschen Weg läufst und es nicht ändern kannst - ich kann Dich verändern - Du brauchst mich nur darum zu bitten."
Schaut noch einmal auf das Tuch hinter dem Altar:
„Du, Herr, hast selbst in Händen die ganze weite Welt,
kannst Menschenherzen wenden, wie dir es wohlgefällt."
Paul Gerhardt hat dieses Wort gesagt, weil er in der Bibel entdeckt hat: Gott liebt mich so, wie ich bin, mit allen meinen Fehlern. Und er will dafür sorgen, daß ich mich ändern kann; ich muß ihn nur darum bitten.
Gott lädt uns ein, zu ihm zu kommen; er will uns verändern; seine Liebe ist größer als alle unsere Schuld. Amen.

Lied
EG 620, 3 + 4

Fürbittgebet
Gott lädt uns ein, mit allen unseren Sorgen und Fehlern zu ihm zu kommen; er lädt uns ein, auch einmal „Danke!" zu sagen für all das, was er uns schenkt. Das wollen wir jetzt gemeinsam tun: Ich (Wir) spreche(n) den Text des Gebetes; immer, wenn es heißt „Darum kommen wir zu Dir", singen wir gemeinsam das Lied 605 aus dem Gesangbuch. Wir lernen es jetzt, es ist ganz einfach zu singen.
Einüben von EG 605

EG 605
Lieber Vater im Himmel,
habe Du Dank, daß du versprochen hast, immer bei uns zu sein. Du begleitest uns unser ganzes Leben, du warst auch heute in diesem Gottesdienst bei uns. Wir bitten Dich: Geh du auch weiterhin unseren Lebensweg mit uns, behüte und beschütze uns. Darum kommen wir zu Dir:

EG 605

Vater, Du weißt, was wir in unserem Leben falsch gemacht haben. Anderen Menschen haben wir weh getan, auch wenn wir es gar nicht wollten. Mit ihnen trauen wir uns oft nicht zu sprechen, darum kommen wir zu Dir:

EG 605

Ja, wir können Dir danken, denn du läßt uns immer wieder zu dir kommen. Dir können wir alles sagen, was uns bedrückt, was uns ängstigt, was uns Sorgen bereitet, was wir niemandem sonst sagen können. Darum kommen wir zu Dir:

EG 605

Du hast uns versprochen, daß Du uns alle Schuld vergeben willst; was immer wir auch getan haben, Du verzeihst uns, Du weist niemanden zurück, der zu Dir kommt. Darum kommen wir zu Dir:

EG 605

Lieber himmlischer Vater, in der Stille sagen wir Dir, jeder einzelne in seinen Gedanken, was uns bedrückt oder ängstigt, was uns Sorgen bereitet oder uns froh macht.

- Stille -

Miteinander wollen wir jetzt das Gebet sprechen, das Jesus Christus uns gelehrt hat, das Vater Unser:

Vater unser im Himmel,
geheiligt werde Dein Name.
Dein Reich komme.
Dein Wille geschehe,
wie im Himmel, so auf Erden.
Unser tägliches Brot gib uns heute.
Und vergib uns unsere Schuld,
wie auch wir vergeben unseren Schuldigern.
Und führe uns nicht in Versuchung,
sondern erlöse uns von dem Bösen.
Denn Dein ist das Reich und die Kraft
und die Herrlichkeit in Ewigkeit.
Amen.

Lied
Herr, wir bitten: Komm und segne uns
EG 590, 1 - 3

Segen
Zum Schluß wollen wir Gott um seinen Segen bitten. Dazu fassen wir uns an der Hand:

Es segne Dich Gott, der Vater:
Er sei der Raum, in dem Du lebst.
Es segne Dich Jesus Christus, der Sohn:
Er sei der Weg, auf dem Du gehst.
Es segne Dich Gott, der Heilige Geist:
Er sei das Licht, das Dich zur Wahrheit führt.
So segne Dich der gütige Gott,
der Vater, der Sohn und der Heilige Geist. Amen.

Orgelnachspiel

UNTERRICHTSENTWÜRFE

„Ich will zu meinem Vater!"

Ein Unterrichtsentwurf zum Buß- und Bettag
für die Grundschule

Uwe Ranft

Mit Grundschulkindern die kirchlichen Fest- und Feiertage im Rahmen des Religionsunterrichtes (*RU*) besprechen und feiern, ist nichts Ungewohntes: Advent, Weihnachten, Passionszeit/Ostern und Pfingsten, aber auch Gedenktage wie St. Martin und Nikolaus-Tag haben mittlerweile ihren festen Platz im Grundschul-RU. Materialien zur Unterrichtsgestaltung und zur Gestaltung von Schulgottesdiensten stehen in schier unübersehbarer Menge zur Verfügung.

Warum ist dies so? Eine ganze Reihe von Gründen mag hierfür ausschlaggebend sein:

• Die Feste sind den Kindern bekannt; in Kindergarten und Elternhaus finden sie – wenn auch meist nur aus Tradition – ihren Niederschlag.

• Der positive Grundtenor der Feste läßt bei den Schülerinnen und Schülern eine frohe Erwartungshaltung aufkommen.

• Der Gestaltung des RU sind kaum Grenzen gesetzt; viele Gestaltungselemente tragen einen Aufforderungscharakter in sich selbst.

Demgegenüber ist es um Inhalt und Praxis des Buß- und Bettages schlecht bestellt. Weder in den „Rahmenrichtlinien Primarstufe Evangelische Religion" von 1987 noch in den neuen Rahmenplänen finden das Thema „Buße" oder der Feiertag selbst Erwähnung. Lediglich der Umgang mit *zwischenmenschlichem* Schuldigwerden und Vergeben ist ansatzweise behandelt.

Warum ist dies so? Ist die Thematik nicht kindgerecht? Ist das Thema zu ernst, um mit Kindern im Grundschulalter besprochen zu werden? Hat man Angst, die Schülerinnen und Schüler zu überfordern?

Dies können keine plausiblen Gründe sein! Ein Blick auf den katholischen Themenplan zeigt, daß eine Behandlung in der Grundschule sehr wohl möglich und machbar ist.[1]

Liegt es also vielleicht daran, daß die Problematik nicht im Thema, sondern im eigenen Umgang mit ihm liegt? Liegt es vielleicht daran, daß ich als Unterrichtender zu sehr eine eigene Stellung beziehen, eine eigene Position finden muß, um meinen Schülerinnen und Schülern das Thema nahezubringen? Liegt es vielleicht daran, daß der Buß- und Bettag in seiner Thematik gesellschaftlich keine Rolle mehr spielt?

Vielleicht.

Fest steht jedenfalls: *Eines der zentralsten Themen und Anliegen der biblischen Schriften finden im Grundschul-RU keinen Niederschlag. Ein Hauptanliegen der Botschaft Jesu bleibt ausgespart: Die (Wieder-)Hinwendung des Menschen zu Gott, das „Wissen, daß Gott den Menschen nachgeht, die sich von ihm abwenden[2]", bleibt den Grundschülerinnen und -schülern vorenthalten. Wer aber die Problematik von Schuld und Vergebung auf eine zwischenmenschliche Ebene reduziert, geht am Wesentlichen vorbei.*

Der hier vorgestellte Unterrichtsentwurf will ein erster Schritt sein, sich auch selbst neu der Problematik zu stellen – so hat die Abschaffung des Buß- und Bettages wenigstens ein Gutes gehabt! Bei der praktischen Erprobung des Unterrichtsentwurfs werden sich viele Abänderungen ergeben müssen: Die Situation in der Lerngruppe, die vorab behandelten Themen oder die Möglichkeiten an der jeweiligen Schule müssen einen entsprechenden Niederschlag bei der praktischen Umsetzung finden. Deshalb ist der Entwurf auch als „Baukastensystem" aufgebaut. Wenn er dazu anregt und Anregungen bietet, ein Gespräch in der Lerngruppe in Gang zu bringen, hat er seinen Sinn und Zweck bereits erfüllt!

Gedacht ist der Unterrichtsentwurf für den Einsatz im 3. oder 4. Schuljahr. Eine frühere Behandlung des Themas erscheint allein aus entwicklungspsychologischen Gründen

---

[1] Themenplan: Katholische Religion Primarstufe, in: Rahmenrichtlinien Primarstufe Evangelische Religion, Hrsg.: Der Hessische Kultusminister, Frankfurt 1987.

[2] a.a.O. S. 185.

(Entwicklung des Gewissens und der Schuldeinsichtigkeit, Entwicklung der Abstraktionsfähigkeit) nicht ratsam.[3]

In den Mittelpunkt gestellt ist das Gleichnis vom verlorenen Sohn (Luk. 15, 19 – 32); um einer kindgemäßeren Sprache willen ist die Textfassung der „Kinderbibel" von Anne de Vries[4] gewählt worden (M 3).

Unterrichtseinheit „Buß- und Bettag"

Lerngruppe:	Klasse 4
Zeit:	3 – 4 Unterrichtsstunden
Ziel der Einheit:	Gott als bedingungslos Liebenden und Vergebenden kennenlernen Kennenlernen, daß in der Hinwendung zu Gott im Gebet Trost und Geborgenheit erfahrbar wird
Materialien:	– Evangelisches Gesangbuch – de Vries, Anne Die Kinderbibel, Konstanz, o.J. – Vorlesebuch Religion 1, S. 267 ff
Abkürzungen	Folgende Abkürzungen finden Verwendung: U/UE Unterricht/Unterrichtsentwurf S Schüler/Schülerin L Lehrer/Lehrerin M Material/Arbeitsblatt

1. Stunde
„Menschen finden wieder zueinander"

Begrüßung Ankommen im RU, gemeinsamer, ritualisierter Beginn

[3] Ich verweise hier auf die entsprechenden Artikel in Oerter/Montada, Entwicklungspsychologie Schwarzenberg 1982.

[4] Die Kinderbibel. Die Worte der Heiligen Schrift von Anne de Vries für die Kinder erzählt, Konstanz o.J.

Methode	Sing-Kreis
Medium	EG 334, „Danke für diesen guten Morgen“
Motivation	„Und da war niemand für mich da“
Methode	Kinder erzählen im Stuhlkreis von Erlebnissen und Erfahrungen, bei denen sie Alleinsein erlebt haben
Geschichte	Aus dem „Vorlesebuch Religion 1“ bekommen die S die Geschichte „Eine Nacht im Wald“ auszugsweise ausgeteilt (M1). S lesen die Geschichte absatzweise von ihrem Platz aus vor.
Bearbeitung	L-Frage: Wer hat in dieser Geschichte welchen Fehler gemacht?
Methode	S bearbeiten in Kleingruppen das Arbeitsblatt M2
Anmerkung	Die Arbeitsanweisung sollte zunächst gemeinsam gelesen werden; eine Zeitvorgabe für die Bearbeitung soll gegeben und eingehalten werden.
Sicherung	S stellen ihre Gruppenergebnisse aus M2 der Klasse vor
Methode	S-Vortrag; in Stichworten sollen die Ergebnisse vom L an der Tafel laut Tabelle auf M2 festgehalten werden; die übrigen Gruppen ergänzen.
Abschluß	gemeinsamer, ritualisierter U-Schluß
Methode	Singkreis
Medium	EG 630, „Wo ein Mensch Vertrauen gibt“

2. Stunde:
Wir erkennen, daß wir immer wieder falsche Wege in unserem Leben gehen

Begrüßung	gemeinsamer, ritualisierter U-Beginn
Methode	Singkreis
Medium	EG 630, „Wo ein Mensch Vertrauen gibt“

Anknüpfung	Kurzwiederholung der Geschichte „Eine Nacht im Wald“ und der Kleingruppen-ergebnisse
Methode	L-Vortrag
Sicherung	L-Frage: „Peter war von zu Hause weggelaufen – nicht nur aus Angst. Wir können auch sagen, daß er das (... Vertrauen) in seine Eltern verloren hatte.“
Methode	L-S-Gespräch mit erwarteter S-Antwort
Medium	Tafel mit Anschrieb „Vertrauen“
Geschichte	L: „Wir wollen heute eine Geschichte aus der Bibel kennenlernen, in der auch ein Mensch sein Vaterhaus verläßt. Aber – er hat immer noch Vertrauen zu seinem Vater, und deshalb findet diese Geschichte ein anderes Ende.“
Methode	S lesen absatzweise vom Platz aus die Geschichte vom „Verlorenen Sohn“ nach der Kinderbibel von Anne de Vries
Medium	kopierter Text (M3)
Bearbeitung	Herausstellen der Handlungsmotive von Vater und jüngerem Sohn. Das Verhalten des älteren Sohnes soll für die Intention dieser UE unberücksichtigt bleiben.
Methode	L-S-Gespräch mit Tafelanschrieb in Stichworten; S sollen im Halbkreis vor der Tafel sitzen.
Medium	Tafel
Information	Diese Geschichte, die Jesus erzählt hat, ist ein *Gleichnis.* Das bedeutet: Die Personen der Geschichte sind nur *Symbole:* Im *Gleichnis vom verlorenen Sohn* ist – der Vater ein Symbol für Gott, – der Sohn ein Symbol für den Menschen.
Methode	L-Vortrag mit Tafelanschrieb *Gleichnis – Symbol:* *Vater = Gott, Sohn = Mensch* S schreiben Tafelanschrieb auf Blatt M3

Medium	Tafel Tafelabschrieb
Sicherung	S sollen erkennen, daß Gott jeden Menschen immer wieder bedingungslos annimmt, der – seinen Fehler einsieht und – den Weg zu Gott zurückfindet
Methode	L-Vortrag
Abschluß	gemeinsamer, ritualisierter U-Schluß
Methode	Sing-Kreis
Medium	EG 620, „Gottes Liebe ist wie die Sonne“

<u>3. Stunde:</u>

Den Buß- und Bettag als Tag der Besinnung und Umkehr kennenlernen

Begrüßung	gemeinsamer, ritualisierter U-Beginn
Methode	Singkreis
Medium	EG 620, „Gottes Liebe ist wie die Sonne“
Anknüpfung	„Wir haben zwei Geschichten kennengelernt, in denen Menschen einen falschen Weg verlassen haben: Wir wollen noch einmal überlegen, was sie zum Verlassen des falschen Weges gebracht hat.“
Methode	L-Vortrag
Bearbeitung	L-S-Gespräch über die jeweiligen Motive zur Umkehr mit erwarteten S-Antworten
Medium	Tafel mit Anschrieb *Angst – Vertrauen*
Sicherung	Erkennen, daß ein einmal eingeschlagener und als falsch erkannter Weg nicht unwiderruflich weitergegangen werden muß; Zusammenfassung der unterschiedlichen Motive
Methode	Bearbeitung eines Lückentextes im Plenum:

	M4 wird satzweise von S vorgelesen, die fehlenden Wörter werden gemeinsam ergänzt und festgehalten.
Medium	Lückentext M4
Information	S lernen den Buß- und Bettag als Tag der Umkehr und Besinnung kennen. „Gott lädt Menschen ein, einen falschen Weg zu verlassen – die Bibel nennt dies *Umkehr.* Wer in seinem Leben Fehler gemacht hat, kann zu Gott zurückkehren wie der *verlorene Sohn* aus unserem Gleichnis. In der Geschichte von Peter und seinem Zeugnis haben wir gesehen, daß er nur aus *Angst* vor dem Alleinsein zurückkehrte. Im Gleichnis aus der Bibel war es das *Vertrauen,* daß den Sohn zur Umkehr brachte. Gott möchte, daß wir Vertrauen zu ihm haben: Was immer wir auch getan haben, zu Gott können wir immer wieder kommen und mit ihm sprechen. Und: wir können sicher sein, daß Gott uns unsere Fehler verzeiht, uns wieder aufnimmt, so wie der Vater im *Gleichnis vom verlorenen Sohn.* Es gibt einen Tag im Kirchenjahr, der uns daran erinnern soll: es ist der *Buß- und Bettag.*
Methode	L-Vortrag mit Tafelanschrieb *Buß- und Bettag*
Abschluß	gemeinsamer, ritualisierter U-Schluß
Methode	Singkreis
Medium	EG 620, „Gottes Liebe ist wie die Sonne“

4. Stunde
Vorbereitung des Gottesdienstes

Die 4. Stunde der UE „Buß- und Bettag“ ist bewußt nicht ausgearbeitet worden. Die gesamte UE ist so angelegt, daß der Gottesdienst den Abschluß bildet; insofern mag die hier konzipierte UE auch unvollständig erscheinen.

Es erschien mir nicht ratsam, schon in einer Unterrichtsstunde inhaltliche Vorgriffe auf den Gottesdienst vorzunehmen. Wie die Vorbereitung im einzelnen aussehen kann, muß den jeweiligen Gegebenheiten in Schule und Gemeinde angepaßt werden.

Statt dessen sollen hier nur einige wenige Impulse zur Vorbereitung gegeben werden:

Wo mehrere Klassen am Gottesdienst beteiligt werden sollen, ist es sinnvoll, einzelne „Bausteine“ auf die Klassen zu verteilen: Eine Klasse könnte sich intensiv mit den verwendeten Liedern beschäftigen und diese einüben, so daß sie die Führung beim Singen übernehmen kann. Alle Gebete des Gottesdienstes könnten von einer anderen Klasse übernommen werden.

Praktikabel erscheint mir dieses Vorgehen aber nur, wenn der RU in der Hand **eines** Unterrichtenden in allen Klassen liegt; Absprachen zwischen den Kollegen wären an sich zwar wünschenswert, erfordern aber erfahrungsgemäß einen großen Zeitaufwand.

Einfacher ist es, die Gottesdienstgestaltung in der Hand einer Klasse zu belassen, wobei die einzelnen „Bausteine“ jetzt auf einzelne Schüler verteilt werden.

Egal, für welche Methode man sich auch immer entscheidet: Wichtig ist es, die Sprechtexte gut einzuüben und – wo dies möglich ist – schon vorab in der Kirche lesen zu lassen, in der dann auch der Gottesdienst stattfinden soll. Besonders die Benutzung eines Mikrofons bereitet den Kindern oft große Schwierigkeiten und kann zu großer Unruhe im Gottesdienst führen.

Wenn im Gottesdienst das im Entwurf vorgeschlagene Plakat verwendet werden soll, muß genügend Zeit zur Herstellung einkalkuliert werden – eine Schulstunde ist hier sicherlich nicht ausreichend!

Schülerarbeitsblatt M1
Eine Nacht im Wald

Kaum hatte Peter das Zeugnisheft in der Hand, blätterte er es hastig auf. Da stand sie, die Fünf in Rechnen, vor der er sich schon so sehr gefürchtet hatte.

„Da ist nun nichts zu machen, Peter“, sagte der Lehrer. „Im nächsten Schuljahr mußt du schauen, daß du sie wieder wegschaffst. Sei fleißiger und paß besser auf.“

Peter antwortete nicht. Er dachte nur: „Der Vater! Komm du mir mit einer Fünf heim, dann kannst du was erleben, hatte er am Morgen gesagt, als Peter zur Schule gegangen war.“

Die anderen Kinder liefen mit Geschrei aus der Schule, schwenkten die Zeugnishefte und waren verschwunden. Peter lief nicht mit. Er blieb vor dem Schultor stehen, dachte an Vaters Stock und überlegte. Alle Menschen sind schlecht, dachte er, alle außer mir. Der Lehrer gibt mir eine Fünf, der Vater hat mir Hiebe angedroht, die Mutter hält zu ihm statt zu mir. Jetzt gehe ich weit weg von zu Hause, will mit niemandem mehr etwas zu tun haben.

Er schlich um die Schule herum und aus dem Ort heraus, ganz heimlich, daß niemand ihn sah, und lief durch die Felder bis an das Gebüsch am Waldrand. Von da wanderte er in den Buchenwald hinein. Darin war es sehr still und schattig. Aber Peter hatte keine Angst, er schaute sich kein einziges Mal um. Nach dem Buchenwald kam ein dichter, finsterer Fichtenwald. Vom Ort war nichts mehr zu sehen, der Weg hatte einen Bogen gemacht. Peter ging immer weiter, er sang laut und schaute weder nach rechts noch nach links.

Plötzlich entdeckte er eine kleine Hütte, die den Holzfällern gehört hatte. Darin hatten sie bei Regen Unterschlupf gesucht. Jetzt stand sie leer.

Ob sie verschlossen ist?, dachte er.

Sie war offen, und schon war er drin: ein leeres, viereckiges Zimmer mit einem Fenster und einer Tür. Hier bleibe ich, dachte Peter.

Er legte seinen Ranzen in die Ecke. Dann schleppte er einen Holzklotz herein. Das war ein schöner Tisch. Er fand noch einen kleineren Klotz. Das war ein guter Stuhl.

Ich gehe nie mehr heim, dachte er. Hier fragt mich keiner nach meinem Zeugnis.

Jetzt erst merkte er, daß er Hunger hatte. Wo sollte er etwas zu essen herbekommen?

Ich werde einen Hasen fangen. Den brate ich mir dann über einem kleinen Feuer. Er versuchte, eine Schaufel zu basteln, aber er hatte keinen Bindfaden, und so fiel sie ihm immer wieder auseinander. Deshalb mußte er die Grube am Waldrand mit seinen Händen graben. Die Grube, das war seine große Idee: Als sie tief genug war, legte er Zweige und Gras darüber. Wenn ein Hase darüberläuft, fällt er hinein und ist gefangen!

Kein Hase kam. Die Sonne ging unter, es wurde kühler.

Ich müßte mir ein Bett aus Gras machen, dachte er.

Es war aber inzwischen draußen so dunkel geworden, daß er sich nicht mehr von der Hütte fortwagte. Hier knackte es, dort knisterte es. Peter zitterte vor Angst. Er drückte sich in eine Ecke der Hütte und hielt den Ranzen vor sich. Aber weil er so müde war, sank er schließlich um und schlief auf dem Boden bis zum Morgen.

Er wachte nicht von der Sonne auf, sondern von der Kälte.

„Mutti!“, rief er.

Als keine Mutti kam, erinnerte er sich wieder, wo er war.

Meine Eltern waren zwar zu streng mit mir, dachte er, aber zu essen haben sie mir immer gegeben.

Am Nachmittag gegen drei klingelte es bei Peters Eltern. Sein Vater öfffnete die Tür, und da stand Peter: zerzaust, schmutzig, kleinlaut.

„Peter!“, rief der Vater und zog ihn an sich. „Wo kommst du her – um Himmels willen? Mutter, komm raus, Peter ist da!“

Die Mutter stürzte aus der Küche und fing an zu weinen. „Junge, Junge, wo bist du bloß gewesen!“ schluchzte sie. „Die Polizei sucht schon nach dir!“

„Im Wald“, stotterte Peter.

„Wer wird denn so ein Theater machen wegen einer Fünf“, sagte der Vater. „Mutter und ich haben die ganze Nacht nicht geschlafen. Der Lehrer hat auch nach dir gesucht, und die Kinder deiner Klasse haben ihm geholfen. Ich will jetzt allen schnell sagen, daß du wieder da bist.“

Als Peter in der Küche saß, dachte er: Vater hat Angst um mich gehabt. Mutter jat geweint vor Freude, als ich wiederkam. Der Lehrer hat nach mir gesucht und die Kinder haben ihm dabei geholfen. Es sind doch nette Leute.“

Schülerarbeitsblatt M2
Eine Nacht im Wald

Eine schlimme Geschichte! Nicht nur für Peter, sondern auch für seine Eltern, seinen Lehrer, seine Klassenkameraden. Zum Glück ist sie noch einmal gut ausgegangen.

Und bestimmt hat jeder etwas dabei gelernt! Denn – Fehler gemacht hat jeder: Peter, sein Lehrer, seine Eltern.

→ Überlegt einmal in ...-er Gruppen:
Welche Fehler wurden gemacht?
Was hätten Peter, sein Lehrer, seine Eltern anders machen sollen?
Tragt die Meinungen Eurer Gruppe in die Spalte 1 ein!

	Das meinen wir ...	Das meinen andere
Peter		
Eltern		
Lehrer		

Schülerarbeitsblatt M3
Der verlorene Sohn

Ein Vater hatte zwei Söhne. Er wohnte in einem schönen Haus, denn er war sehr reich. Er sorgte gut für seine Kinder und gab beiden schöne Kleider und einen goldenen Ring an den Finger. Er gab auch jedem ein Kamel, auf dem sie reiten konnten.

Der ältere Sohn war ein gehorsamer Junge, der alle Tage seine Arbeit treu verrichtete. Der Vater hatte ihn sehr lieb. Der jüngere Sohn dagegen machte seinem Vater viel Kummer, aber der Vater liebte auch ihn sehr. Er hatte seine beiden Kinder gleich lieb.

Einmal stand der jüngere Sohn auf einem Hügel. Von dort konnte er ganz weit ins Land hineinsehen. Er dachte: Dort hinten, ganz weit weg, ist es sicher noch viel schöner als hier. Dort will ich hin, ich will in die weite Welt.

Da ging er zu seinem Vater und sagte: „Vater, gib mir einen Sack voll Geld, ich will nicht mehr bei dir bleiben, ich will fort in die weite Welt."

Da war der alte Vater tief bekümmert und sagte: „Mein Kind, tu das doch nicht, tu mir doch nicht solchen Kummer an. Bleib bei mir!"

Aber der Sohn wollte nicht hören, sondern zog seine schönsten Kleider an, stieg auf sein Kamel und sagte: „Vater, gib mir mein Geld. Ich gehe weg, ich will in die weite Welt."

Da gab der Vater ihm das Geld, und der Sohn ritt fröhlich fort. Er sah sich nicht einmal mehr um und dachte nicht mehr an seinen alten Vater.

Doch der Vater dachte trotzdem an seinen Sohn, er stand vor dem Haus und sah ihm nach, solange er konnte.

Er war sehr traurig, denn jetzt hatte er nur noch einen Sohn, den anderen hatte er verloren.

Der Sohn ging in die weite Welt und fand das Reisen sehr schön. In den Städten gab es viele Läden, wo man schöne und kostbare Dinge kaufen konnte.

Der Sohn kaufte sehr viel, er hatte ja Geld genug.

Er hatte auch eine Menge Freunde, mit denen er Feste feierte. Das kostete alles viel Geld, aber das machte dem Sohn nichts aus. Er dachte, sein Geld würde nie zu Ende gehen.

Aber sein Geld ging bald zu Ende. Zuletzt war der Sack ganz leer.

Da verkaufte er sein Kamel. Dafür bekam er viel Geld, aber dieses Geld war auch bald wieder verbraucht.

Jetzt verkaufte er seinen goldene Ring. Dafür bekam er viel Geld, aber dieses Geld war auch bald wieder verbraucht.

Jetzt hatte der einst so reiche Sohn kein Geld mehr. Er konnte keine schönen Dinge mehr kaufen und keine Feste mehr feiern. Doch jetzt wollten seine Freunde nichts mehr von ihm wissen. Sie liefen alle fort und ließen ihn allein.

Er bekam großen Hunger, doch er hatte kein Geld, um sich Brot zu kaufen.

Er bettelte an den Türen um ein Stückchen Brot, aber die Menschen gaben ihm nichts. Es gab fast kein Brot im Land, es war Hungersnot.

Schließlich kam er zu einem Bauern, der sagte: „Du kannst Knecht bei mir werden. Dann mußt du die Schweine hüten." Der junge Mann erwiderte: „Es ist gut." Er dachte: Dann bekomme ich wenigstens zu essen.

So wurde er Knecht bei dem Bauern. Da saß er nun bei den dicken Schweinen. Seine Kleider waren alt und zerrissen, doch er konnte sich keine neuen kaufen. Und er hatte schrecklichen Hunger, denn der Bauer gab ihm fast nichts zu essen. Der junge Mann hätte gerne das Futter von den Schweinen gegessen, solchen Hunger hatte er, aber das ließ der Bauer nicht zu.

Es ging ihm wirklich sehr schlecht in der weiten Welt. Sein Vater hatte doch recht gehabt.

Als der junge Mann sich an seinen Vater erinnerte, wurde er sehr traurig und dachte: Mein Vater war so gut zu mir, ich wollte, ich wäre nie fortgegangen. Mein Vater hat Brot genug, und ich muß hier bald vor Hunger sterben.

Er begann vor Reue zu weinen und schluchzte: „Ich will zu meinem Vater." Schließlich stand er auf und machte sich auf den Weg zu seinem Vater.

Er dachte: Mein Vater wird sicher sehr böse auf mich sein, aber ich gehe doch zu ihm. Ich werde sagen: Vater, ich bin viel zu schlecht, um noch dein Sohn zu sein. Laß mich wenigstens Knecht bei dir sein.

Schließlich kam der Sohn in die Nähe seines Vaterhauses. Er sah es schon von ferne.

Als reicher Herr war er fortgegenagen, als Bettler kehrte er zurück.

Die Menschen kannten ihn fast nicht mehr. Sie dachten: Wer ist bloß dieser schmutzige Bettler?

Der Junge traute sich fast nicht weiterzugehen.

Doch wer stand dort vor dem Haus und sah den Weg entlang?

Wer kam da so rasch angelaufen?

Das war der Vater!

Er erkannte seinen Sohn gleich wieder. Er hatte die ganze Zeit auf ihn gewartet, und er war nicht böse. Er nahm seinen Sohn in die Arme, küßte ihn und rief: „O mein Kind, mein Kind, wie bin ich froh, daß du wieder zurückgekommen bist."

Der Junge sagte: „Vater, ich bin so ungehorsam gewesen, ich bin viel zu schlecht, um dein Sohn zu sein."

Doch der Vater antwortete: „Du bist doch mein Sohn. Ich habe dich auch jetzt noch lieb."

Er rief seinen Arbeitern zu: „Holt schnell schöne Kleider für meinen Sohn und auch neue Schuhe. Gebt ihm auch einen neuen goldenen Ring an den Finger."

Dann ließ der Vater Fleisch braten und köstliche Kuchen backen, und er sagte: „Nun laßt uns essen und ein Fest feiern, denn ich war lange Zeit ohne diesen meinen Sohn, aber jetzt habe ich ihn wieder. Er war verloren, aber jetzt hat er zurückgefunden." So lieb hatte der Vater sein Kind.

Schülerarbeitsblatt M4

„Ich will dir den Weg zeigen, den du gehen sollst"

Dies ist ein Wort aus der __________. Es steht im Psalm 32.
Es will uns sagen:
Wenn wir auf einem falschen ________ sind, will ________ uns den richtigen zeigen.
In unserer ersten Geschichte hat ________ erst wieder __________ zu seinen _______ gefaßt, als die _______ zu groß wurde.
Im _____________ vom _____________ ________ bereute der Sohn, was er getan hatte.
In beiden Geschichten kehren Menschen auf ihrem _____ um: In der ersten Geschichte aus _________, in der zweiten Geschichte aus ____________.
Im Kirchenjahr gibt es einen Tag, der uns an die Umkehr auf einem falschen Weg erinnern will.
Es ist der ______________ und _________________.

→ In den Lückentext, der hier abgedruckt ist, sollt Ihr folgende Wörter an der richtigen Stelle einsetzen:

Weg	Eltern	Bibel	Angst
Gott	Weg	Gleichnis	Reue
Peter	Angst	verlorenen Sohn	

„Mein Gott, das muß anders werden!"

Eine Hinführung zum Buß- und Bettag in drei Schritten
Eine Konfirmandenunterrichtseinheit

Uwe Handschuch

Theologisch-didaktische Überlegungen

Die Erinnerung an den freien Mittwoch im November verblaßt bei jungen Menschen schneller, als es mir lieb ist. Der Buß- und Bettag ist bei den meisten von ihnen aus dem Bewußtsein verschwunden, falls er überhaupt jemals dort einen Platz hatte. Im Leben der K. (= Konfirmandinnen und Konfirmanden) taucht Ende November so relativ plötzlich jener Mittwoch auf, an dem in ihrer Kirchengemeinde für sie ungewohnt am Abend Gottesdienst mit einem für sie eher befremdlichen Namen gefeiert wird.

„Der Konfirmandenunterricht soll den Jugendlichen helfen, ... als Christen ihren eigenen Platz in der Gemeinde und in der Welt zu finden" (aus der „Lebensordnung" der EKHN). So wird der KU auch nicht über den Buß- und Bettag als *die* exponierte Nahtstelle zwischen Gemeinde und Welt hinweggehen können. Gerade in der gegenwärtigen Situation der Abschaffung des Buß- und Bettages als gesetzlichem Feiertag ist auf allen Ebenen seine Bedeutung nicht nur für die evangelische Gemeinde zu betonen.

Der historische Hintergrund dieses kirchlichen Feiertages wird den K. fremd bleiben. Der Sinn dieses Tages kann ihnen aber trotzdem einsichtig gemacht werden, wenn sie begreifen, daß evangelische Christen auch heute noch an diesem Tag Gottesdienst feiern wollen, weil sie für ihr Land und ihre Gesellschaft beten wollen, weil sie sich als Rufer zu Umkehr und Änderung schlechter Verhältnisse verstehen, weil sie sich der eigenen Bedürftigkeit nach Umkehr bewußt sind und an einen Gott glauben, der die Welt zum Besseren verändern kann.

Der vorliegende Unterrichtsentwurf für eine Doppelstunde KU will die K. auf den Weg bringen zu *dem* Gottesdienst ihrer Gemeinde, in dem der Ruf zu Buße und Umkehr in die Welt und an das eigene Ich laut und Gott dazu um Hilfe angefleht wird.

In einem *ersten Schritt* werden die K. durch ein säkulares Lied in ihrer Situation abgeholt: Sie erfahren täglich ihre Welt als veränderungsbedürftig. Das Lied soll ihnen helfen, Formulierungen zu finden, um beschreiben zu können, wo ihre Welt sich ändern muß: *Mein Gott, das muß anders werden.* Der *zweite Schritt* soll ihnen deutlich machen, daß die Dinge und Umstände, die sie gerne verändert sähen, meist im Zusammenhang mit veränderungsbedürftigen Menschen stehen. Schon Johannes der Täufer richtete seinen Ruf zu Umkehr und Änderung der Verhältnisse an die Menschen seiner Umgebung. Die K. nehmen diesen Ruf auf: *Mein Gott, der/die soll anders werden.* Die K. werden einsehen, daß auch sie und ihr P./G. (= Pfarrer/Pfarrerinnen oder Gemeindepädagogin/Gemeindepädagoge) nicht aus diesem Ruf herausgenommen sind. In einem *dritten Schritt* soll dann durch den vorgeschlagenen Liedruf der Zusammenhang des Rufs zur Umkehr mit der eigenen Veränderungsbereitschaft und Kritikfähigkeit vertieft werden: *Mein Gott, ich will anders werden.*

Der Liedruf bildet auch die Brücke zum Gottesdienst. Die aktive Beteiligung an der Vorbereitung und Gestaltung des Buß-und Bettaggottesdienstes ihrer Gemeinde wird die K. für die Debatte um den Buß- und Bettag sensibilisieren, diesem Tag einen Platz in ihrer Erlebniswelt geben und ihnen helfen, Folgerungen für das eigene Leben zu ziehen.

Unterrichtsverlauf

1. Schritt: Mein Gott, das muß anders werden

Liedtextkopien austeilen und Lied vorspielen: 10 Min.

„Vernunft breitet sich aus über die Bundesrepublik Deutschland"

Es kommt durch die Dielenbretter, durch den Spalt unter der Tür,
durch den Mauerriß, durch jeden Zwischenraum.
Es kommt durch die Heizungsrohre, es kommt durchs Fenster zum Hof,

und es sieht aus wie ein guter alter Traum.
Und es gurgelt aus dem Abfluß,
und es raunt im Tiefkühlfach,
und es wispert hinterm Kaktus,
und ein Vogel pfeift's vom Dach.
Und dann tritt das Gerücht furchtlos hinter der Schrankwand hervor,
verdichtet sich zur Gewißheit und es flüstert mit im Chor:
„Das oberste Menschenverstandskommando gibt bekannt:
Vernunft breitet sich aus über die Bundesrepublik Deutschland!"

Ich lauf' runter auf die Straße, auch der Hauswart weiß es schon,
sprüht es auf die Wand und gibt Vernunftalarm.
Es kommt zu rührenden Szenen tumultart'ger Harmonie,
und Wildfremde fall'n sich schluchzend in den Arm.
Und da kommt es auch im Fernsehn,
und jetzt steht's im Extrablatt:
Spontanes Einander-gern-Sehn
erfaßt schon die ganze Stadt.
Und ein Marsch des guten Willens hat sich auf den Weg gemacht,
aus Büros, Fabriken, Schulen, Häusern, aus dem U-Bahn-Schacht,
unaufhaltsam wie ein Beben, mächtig wie ein Flächenbrand:
Vernunft breitet sich aus über die Bundesrepublik Deutschland!

Und schon werden über Akte der Vernunft Meldungen laut.
Da! Die ersten sinnvollen Dinge geschehn:
Es treten schon hier und da vermehrt Politiker zurück,
ohne Leugnen, ohne Sichwinden und Dreh'n.
Vorbei sind die hohlen Sprüche,
Korruption und Kungelei.
Jetzt gibt's Ehrlichkeitsausbrüche.
Alle, alle sind dabei.
Hehler, Steuerhinterzieher, Geldwäscher und Dunkelmann
treten in Bahamas und in Luxemburg den Heimweg an
und eil'n zum Finanzamt mit dem Schwarzgeldkoffer in der Hand!

Vernunft breitet sich aus über die Bundesrepublik Deutschland!

Und die Wurzeln alten Übels werden endlich aufgedeckt
und die Schuldigen geächtet und gebannt.
Und ein Gangster wird ein Gangster und ein Schuft wird jetzt ein Schuft
und ein Rüstungsfabrikant Mörder genannt.
Und die schlechten Selbstgerechten,
Brandstifter und Biedermann
und die ganzen rechten Schlechten
zeigen sich von selber an.
Und die alten und die neuen Ewiggestrigen im Land
haben sich selbst abgeschoben, die Staatsbürgerschaft aberkannt.
Mancher kommt geläutert wieder, doch diesmal als Asylant.
Vernunft breitet sich aus über die Bundesrepublik Deutschland!
Kriegstreiber und Kirchenfürsten haben endlich ausgespielt,
die Verdummungsindustrien geh'n bankrott.
Ab jetzt denkt man wieder selber, wir sind endlich, endlich frei,
Dogmen und Gegängel landen auf dem Schrott.
Schluß mit Häme und Gehetze,
Gepetze und Korruption,
mit Vertuschung und Geschwätze
und Verarschung der Nation.
Die gemarterte Kultur kommt langsam wieder auf den Damm:
Anstatt Fernsehwerbung läuft auch ab sofort wieder Programm,
und der Mutantenstadel wird auf 1 Uhr nachts verbannt.
Vernunft breitet sich aus über die Bundesrepublik Deutschland!

Jetzt um alles in der Welt keine Bewegung, keinen Ton,
jetzt nicht aufwachen, ganz stillhalten, nicht rühr'n.
Nur nichts hören, nur nichts sehen, nur nichts merken und wenn doch:
Dann nur nicht verzweifeln, nicht kapitulier`n!
Mit dem schönen Traum abtauchen

in die rauhe Wirklichkeit,
denn ich werd' ihn dringend brauchen
in dieser verbohrten Zeit.
Ja, der Hauswart kratzt mit Bürste, Eifer, Fleiß und Terpentin
fluchend an der Hauswand an der kühnsten aller Utopien.
Nur mein Pulsschlag pocht noch immer das Graffiti, das da stand:
Vernunft breitet sich aus über die Bundesrepublik Deutschland!

Text und Musik: Reinhard Mey (CD „immer weiter", © 1994 Intercord) Spieldauer: 7:11
[Anmerkung: Als Alternativen eignen sich z. B. auch das Lied „Neue Brücken" von PUR (CD „Seiltänzertraum", © 1993 Intercord) oder Auszüge aus der Rede „I have a dream" von Martin Luther King]

Unterrichtsgespräch: 07 Min.
Meinungen der K. zu diesem Lied/Text zusammentragen. Absicht des Autoren (etwa: „Traum/Vision von einem besseren Land soll das reale Land verändern/bessern").
Gruppenarbeit (2-3 K.): 10 Min.
Aufschreiben auf ein Blatt: „Das muß anders werden!"
Plenum: 05 Min.
Vorlesen der „Änderungswünsche".
Unterrichtsgespräch: 05 Min.
Wie kann man das ändern?
Ergebnis: Dinge und Umstände ändern sich, wenn Menschen sich ändern.
= 37 Min.
(– falls üblich: 10 Min. Pause)

2. Schritt: Mein Gott, der/die soll anders werden

Tafelanschrieb: 15 Min.
„Johannes der Täufer:
‚Ändert euch von Grund auf,
und kehrt um zu Gott!'

(Mk 1,4 in der Übersetzung von: Hoffnung für alle. Das Neue Testament und die Psalmen. Brunnen-Verlag, Gießen 1991)

Material austeilen: Scheren, Zeitschriften und (politische) Magazine, Klebefilm
Material für P./G.: Zettel mit eigenem Namen und den Namen der K.
Arbeitsanweisung an K.:
Personen und Persönlichkeiten aus den Zeitschriften und Magazinen ausschneiden, zu denen Ihr heute gerne den Satz des Täufers sagen würdet. Klebt deren Bilder rund um den Satz an die Tafel.
P./G. klebt gegen Ende der Aktion Zettel mit den Namen der K. (und auch seinen eigenen Namen) zu den ausgeschnittenen Bildern.
Kommentar auf die Reaktion der K.:
Der Ruf zur Umkehr gilt allen und auch ich muß ihn mir gesagt sein lassen...

= 15 Min.

3. Schritt: Mein Gott, ich will anders werden

Lied einstudieren und singen: 05 Min.
Liedruf „Mein Gott, das muß anders werden!"
(Liederbuch für die Jugend 598, Menschenskinderlieder 24)

Unterrichtsgespräch: 03 Min.
Hinweis auf den Buß- und Bettagsgottesdienst der Gemeinde. Kirche und Christen in der Erinnerung an Johannes den Täufer und in der Nachfolge Jesu Christi haben den Auftrag, die Gesellschaft und die zu ihr gehörenden Menschen zur Umkehr von falschen Wegen zu rufen. Dies können sie nur glaubwürdig tun, wenn sie bereit sind, sich selbst in den Ruf der Umkehr hineinzustellen und sich selbst zu ändern.

Zur Vorbereitung des Gottesdienstes: 15 Min.

Zwei Gruppen bilden:

Gruppe I überträgt das Tafelbild (Spruch + Bilder + Namen) mit den vorhandenen Materialien (+Stifte) auf ein großes Blatt, das dann beim Buß- und Bettagsgottesdienst den Gottesdienstraum gestaltet und z.B. in der Predigt oder einer Meditation eine Rolle spielen kann.

Gruppe II formuliert mit P./G. anhand der Blätter „Das muß anders werden!" aus dem 1. Schritt das Fürbittengebet für den Gottesdienst. Auf jeden Gebetsabschnitt soll als Liedruf der Gemeinde folgen: „Mein Gott, das muß anders werden."

Abschluß: 05 Min.

Plakat von Gruppe I wird aufgehängt und das Fürbittengebet mit dem Liedruf wird gesprochen und gesungen. = 28 Min.

Benötigte Materialien:

CD-Player / Kassettenrecorder
Aufnahme des Lieds zum Einstieg
Kopien des Liedtextes
Blätter mit Überschrift „Das muß anders werden!"
Zeitschriften, (politische) Magazine
Scheren, Klebefilm
Kopien des Liedrufs „Mein Gott, das muß anders werden" bzw. Liederbücher
DinA 2 / DinA 1 – Pappe (bunt), Stifte

Buß- und Bettag : Herausforderung zum Nachdenken über das Abitur und den Abschluß des Schullebens

Planung für einen Abiturjahrgang

Bernd Schmidt

1. Vorüberlegung

„Ich begrüße Sie zu ihrem letzten Schuljahr in der Schule, zu ihrem Abschiedsjahr", so meine einleitenden Worte zu Beginn eines Religionskurses des Schuljahrs 13.1. Die Reaktionen auf diese Einleitung haben mich überrascht und nachdenklich gemacht. „Daran möchte ich nicht denken! Nur nicht! Noch sind wir ja hier" etc. Typische Reaktionen oder Einzelfälle?

Im Gespräch stellte sich dann heraus, daß für die meisten SchülerInnen neben dem Abitur alles in den Hintergrund tritt. Zeit zur Reflexion über den Abschied von der Schule sowohl als Schulgemeinde aus Lehrern, Schülern, Gebäude als auch als Abschluß eines Lebensabschnitts, findet sich dafür nicht, vielleicht soll sie auch nicht gefunden werden. Wer setzt sich schon gern mit unangenehmen Fragen und damit verbunden unangenehmen Gefühlen auseinander? „Es hat noch Zeit!"

Ist der Zeitabschnitt zwischen den schriftlichen und den mündlichen Prüfungen oder eher danach der Augenblick, wo man sich diese Fragen stellen möchte, oder noch später vielleicht beim Verlassen des Schulgebäudes mit dem Abiturzeugnis in der Tasche? Oder kann ich gänzlich darauf verzichten : „Es hat ja noch Zeit!" Sicherlich, jeder Mensch entscheidet sich, wann und wie er sich diesen Fragen stellt. Aber haben wir als Religionslehrer nicht die Verantwortung, diesem nachzugehen, nicht drängend, eher liebevoll begleitend, anregend, weil eines unserer wichtigsten Themen der Umgang mit der Lebenszeit ist?

Muß den Trauer- und Abschiedsgedanken erst die reale Trennung vorangegangen sein?

Meines Erachtens darf die Reflexion früher beginnen, und sie sollte Teil des Schulunterrichts werden. Ein Ort der Reflexion kann das Fach Religion sein. Am Ende des Kirchenjahres das Ende des Schullebens symbolisch und real in den Blick zu nehmen, könnte ein Weg aus dem passiven Vermeiden hin zur aktiven Auseinandersetzung mit den Fragen, hin zu einem aktiv gestalteten Abschied vom Lebensort Schule sein. Die hier vorgestellte Einheit ist Teil der Halbjahreseinheit: „Das Selbstverständnis des Menschen. Anthropologische Modelle und die Sicht des Christentums". Es geht darum, dem Schüler verstehbar und in Teilen auch erlebbar zu machen, was die menschlichen Phasenmodelle der Entwicklung bedeuten, was eine entwicklungsbedingte Krise ist und welche hilfreichen Antworten das Christentum hierfür mit ihren Festen und Feiertagen bereithält und warum wir Menschen nur zu gerne vermeiden, uns diesen Fragen rechtzeitig und offen zu stellen.

Die Situation der Schüler der Klasse 13 würde ich wie folgt beschreiben:

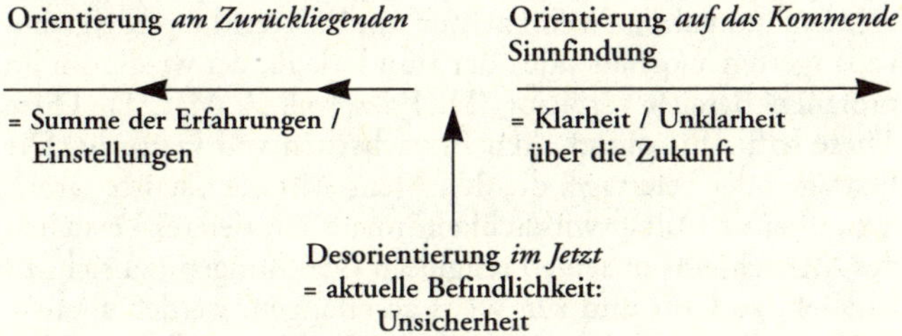

Meine **Ausgangsthese** lautet: Die Feste des Kirchenjahres enthalten neben ihren theologischen Inhalten auf psychologischer Ebene Anfragen und Modelle für gelungenes Leben. Sie können Lebensbiographien und Lebensereignisse erhellen. Sie helfen, den oben markierten Übergang von der Orientierung am Zurückliegenden hin zur Orientierung auf das Kommende mitzugestalten, vorausgesetzt, die aktuelle Befindlichkeit wird nicht zu stark abgewehrt.

Von seiner theologischen Bedeutung zur Erhellung der Lebensbiographie und der eigenen Lebenswirklichkeit ist der Bußtag in seiner Einbettung am Ende des Kirchenjahres von elementarer Bedeutung. Als „Besinnungs- und Bilanzfest" stellt er die notwendige Herausforderung für Schüler dar, gleichsam ihr Schulleben bilanzierend in den Blick zu nehmen – vor sich, vor den anderen und vor Gott. Er hilft, die Erfahrung von Macht und Ohnmacht, Freiheit und Schuld in das Zentrum der Betrachtung zu rücken.

Weiterführend möchte ich anregen, die Feste im Kirchenjahr nicht nur im Kindergarten, im Kindergottesdienst, in der Jugendarbeit und im Konfirmandenunterricht zu besprechen. Sie gehören in die Planung und Durchführung des Religionsunterrichts. In ihrer Abfolge sind sie Anfragen an den Menschen nach seinem konkreten Lebensentwurf. Sie sind identitätsbildend.

2. Feste des christlichen Lebenszyklus in der Schule?

„Alltagswirklichkeit ist dadurch bestimmt, daß der Alltag die ganze Wirklichkeit des Menschen von heute ausmacht... Die früheren Feiertage, die der Erinnerung und Vergegenwärtigung der durch das Kirchenjahr geprägten religiösen Inhalte dienten (zumal an Weihnachten und Ostern), werden zum verlängerten Wochenende oder zum Urlaub, der wiederum im profanen Bereich verbleibt"(H. Fries, vgl. 7. Mat. 1). Diese These trifft für die meisten Erwachsenen von heute zu. Die Festtage oder Feiertage, die den Menschen die Chance eröffnen, über die Alltagswirklichkeit hinaus ein tieferes Verstehen des Menschseins in seinen religiösen Beziehungen (zu sich, zu anderen, zu Gott und zur Welt) zu erlangen, werden als freie Tage zur Freizeitgestaltung oder zur Erledigung liegengebliebener Arbeiten genutzt. Ihre Anfragen an gelungenes Menschsein verhallen in der Betriebsamkeit der Freizeitgestaltung und des Freizeitstresses. Der Sonntag, als erster Tag der Woche, ist heute zum „Wochenende" geworden.

Der Schulalltag respektiert die Feiertage! Mehr noch, er läßt sich durch diese unterbrechen. Von außen betrachtet ist ein Schuljahr nach religiösen Festtagen und Festzeiten gegliedert, sie dienen ihm als Rahmen und geben seine Struktur vor. Neben den großen und zeitlich umfangreichen Unterbrechungen wie Weihnachtsferien, Osterferien und in manchen Bundesländern die Pfingstferien kennen wir die Unterbrechung der Woche durch Feiertage (z.B. Christi Himmelfahrt). Gehäuft treten diese Feiertage im zweiten Teil des Schuljahrs auf und führen für den Sekundarbereich II zu einer erschwerten Klausurplanung. Sie prägen damit äußerlich ganz entscheidend den Ablauf eines Schuljahres (**Jahreszyklus**).

Für die Situation der Schüler stellt dies eine Chance dar, neben den äußerlich wahrgenommenen Unterbrechungen, die ihnen zugrundeliegenden inneren, religiösen Unterbrechung des Alltags zu verstehen und zu erleben. Noch mehr als dies in der Erwachsenenwelt der Fall ist, erlebt der Schüler ein Jahr in einer Abfolge einzelner Zyklen, die jeweils durch religiöse Feste beendet bzw. begonnen werden (dies nicht für die Sommerzeit).

Neben dem Zyklus der Wochentage (**Wochenzyklus**) kennt der Schulalltag noch die Summe der Gesamtzyklen von der Einschulung, dem Schulwechsel bis zur Schulentlassung.

Dieser **Gesamtzyklus** tritt in seiner biographischen und strukturellen Bedeutsamkeit aber gegenüber dem Jahreszyklus eines Schuljahres deutlich in den Hintergrund. Einzig am Ende eines Schuljahres bzw. zum Schulhalbjahr wird er in Form der Zeugnisse in das Zentrum gerückt.

Der Abschluß vom Schulleben wird von der Institution Schule wenig oder gar nicht thematisiert. Vielen Schülern fällt es deshalb schwer, sich sowohl aus dem Jahreszyklus (man hat sich so an die Ferienrhythmen gewöhnt) als auch aus dem Gesamtzyklus in guter Form zu verabschieden. Sie scheinen auf diesen Übergang nicht vorbereitet zu sein. Und auch der Institution Schule mit ihren Lehrerinnen und Lehrern gelingt es oft nicht, einen guten Abschied von dem Abitursjahrgang zu finden (die Auseinandersetzung mit dem Thema „Trennung" scheint ein Tabu für Lehrer zu sein).

Die Abiturfeier kann oft diesen Übergang nicht angemessen genug deutlich machen, und sie gibt dem einzelnen zeitlich zu spät und inhaltlich zu wenig Orientierung und Hilfe im Ritus der Feier. Die Elemente Vergewisserung dessen was war, was nicht gleistet wurde, Veröffentlichung eines Übergangs etc. werden nicht deutlich. Der „Abisturm" oder „Abischerz" als rituelle Unterbrechung des Schulalltags und damit als symbolische Vorwegnahme der existentiellen Erfahrung des Schulabschlusses, hat diese Bedeutung verloren, bzw. vielen Schülern und Lehrern ist er als rituelle Unterbrechung nicht bewußt. Die Gefahr ist groß, daß Veranstaltungen in ungute und nicht gelungene „Abnabelung" von dem Lebensort Schule ausarten. Der Abschied wird von Schülern als Chance zur Rebellion fehlgedeutet und führt nicht selten auf beiden Seiten (bei Schülern und Lehrern) zu Ärger, Enttäuschung und innerer wie äußerer Entfremdung (zur Gefahr, daß der „Probeaufstand gegen das Althergebrachte“ ausarten kann, vgl. Text von D.Stollberg, 7. Mat. 2). Die nicht gelungene Versöhnung von Macht- und Ohnmachtserfahrungen, von Freiheits- und Schulderfahrungen im Schulleben wirken sich hier störend und weniger hilfreich aus. Diese Themen sollten zeitlich früher und inhaltlich intensiver besprochen und seelisch „abgearbeitet“ werden, im Sinne eines gelungenen Reifungsprozesses. Dem Schulsystem könnte seine „Schwerfälligkeit“ und Passivität, die sich nicht nur bei Schülern in dem oben erwähnten „es hat ja noch Zeit“ widerspiegelt, konfrontiert werden.

Am Ende des Schuljahrs 13 ist ein Weg aufeinander zu von Schülern und Lehrern nach der langen Zeit des Weges miteinander nur noch in Einzelfällen zu beobachten. Meist wird ein solches Aufeinanderzu entweder als sinnlos und überflüssig abgewehrt oder als heute nicht mehr möglich erklärt. Beide Verfahren führen zum Vermeiden von neuen Strategien, die dem Dilemma der Abschiedsbewältigung ein Ende bereiten könnten.

3. Die Umsetzung

Die Einheit, die ich hier vorstelle, ist Teil des Halbjahresthemas: „Das Selbstverständnis des Menschen. Anthropologische Modelle und die Sicht des Christentums“.

Auf dem Hintergrund des Buß- und Bettags mit seiner theologischen Implikation und anthropologischen Anfrage sollen die Schülerrealität vor und nach dem Abitur und der bevorstehende Abschied von der Schule und dem Schulleben in seiner oben angedeuteten Problematik in den Blick genommen werden. Die entwicklungsbedingte Krise des Schulabschlusses soll anhand der kirchlichen Feiertage am Ende des Kirchenjahres erhellt und theologisch wie psychologisch in der Spannung von Freiheit- und Schulderfahrung, Macht- und Ohnmachtserfahrung durchdrungen werden.

Weiterführend im Blick auf das Schuljahr 13.2 wird Martin Luthers 1. These von 1517: „Unser Herr und Meister Jesus Christus wollte mit seinem Wort: Tut Buße, daß das ganze Leben der Gläubigen Buße sei“, verstanden als bleibende ethische Anfrage und Sensibilisierung, inwieweit ich mich in meinem Leben und meinem geplanten Lebensentwurf unterbrechen lasse, inwieweit ich bereit bin, Gottes Anspruch an mich nicht nur zu hören, sondern diesem auch nachzukommen (aufgrund einer Analyse der Erzählung vom Barmherzigen Samariter, Lk10, 25-37).

4. Die Ziele

1. Eines der Hauptanliegen dieser Einheit ist es, bei den Schülern die Sensibilität für religiöse Feste und Feiertage wachzuhalten bzw. sie anzuregen, diese für sich zu entdecken (Religiöse Feste sind Zeichen unserer Lebenswirklichkeit). Unser Leben ist durch Feste unterbrochen. Nur hat sich in moderner Zeit das Gegenüber von Festzeit und Alltag aufgelöst. Die Schüler sollen erkennen was es bedeutet, wenn alles im Leben des Menschen zum Alltag wird.

2. Die Schüler sollen die geschichtlichen Gründe für diesen Wandel der Wahrnehmung erkennen und benennen können (Ausfall / Wanken der Religion als Erklärungsmodell des Lebens; Rolle der modernen Wissenschaft und ihrem Weltbild; Religionskritik; religiöse Gleichgültigkeit; christliche Reaktionen zwischen Gleichgültigkeit, Toleranz, Fundamentalismus oder Synkretismus).

3. Es soll erkannt werden, wie religiöse Feste uns helfen, Ambivalenzen zu integrieren. Sie stehen zwischen dem „noch nicht" und dem „schon jetzt" und nehmen darin Lebenswirklichkeit deutend vorweg .

Die verschiedenen Funktionen eines Festes sollen unterschieden werden.

4. Die Situation vor dem Abitur soll reflektiert und erkannt werden. Die Schülererfahrung von 13 (bzw. mehr) Schuljahren soll bilanzierend in den Blick kommen. Diese Bilanz ist Voraussetzung für den Abschied vom Schulleben. Die Frage nach der Sinnhaftigkeit und der Schuld unseres und des Lebens der anderen wird gestellt. Das Erkennen von Macht- und Ohnmachtserfahrungen, von Freiheits- und Schulderfahrungen wird angestrebt.

5. Das Ende des Kirchenjahres mit seiner Häufung an Abschieds- und Besinnungsfesten wird theologisch und psychologisch in den Blick genommen werden. Dem Bußtag soll darin eine entscheidende Bedeutung zugewiesen werden, markiert er doch eine wichtige Übergangssituation innerhalb der „Dogmatik des Kirchenjahres". Dem Ende des Kirchenjahres wird als religiöse Wirklichkeitsdeutung die Schülerrealität am Ende des Schullebens gegenübergestellt werden.

Entdecken, daß den Feiertagen am Ende des Kirchenjahres unterschiedliche Lebensituationen von Schülern am Ende der Klasse 13 entsprechen:

Erntedankfest: schriftliche und mündliche Abiturprüfung.

Volkstrauertag: Erkenntnis, daß wir auseinandergehen. Bedenken der Gemeinschaft.

Bußtag: Erkenntnis meiner Fehler oder Versäumnisse. Erkenntnis der Fehler und Versäumnisse als Jahrgangsgemeinschaft. Erkenntnis von Macht und Ohnmacht. Dies gegenüber – mir – dem Nächsten – der Gemeinschaft – Gott.

Totensonntag: Abschiedssituation. Betrauern des Schullebens. Verbindung mit den vorangehenden Stunden, in denen Tod und Sterben als Teil des Lebens besprochen wurden.

Hier nochmals deutlich gemacht anhand der kleinen Tode, der Abschiedssituationen, der Übergangssituationen. Wie kann ich mit meiner Biographie als Schüler weiter leben?

1. Advent: Markiert zusammen mit dem Totensonntag die Abiturfeier, die einerseits unter dem Alten und Vergangenen steht, andererseits bereits den Blick für Neues und die sich anschließende Lebensfülle und Lebensmöglichkeit freimacht.

6. Die Schüler sollen angeregt und ermutigt werden, für sich folgende Fragen zu beantworten: Wie könnten wir in unserem Religionskurs die entwicklungsbedingte Krise Abitur und das Ende unseres Schullebens rituell feiern?

Tragen wir Verantwortung für den Gesamtjahrgang hinsichtlich der bevorstehenden gemeinsamen Abiturfeier?

Welche Verantwortung trage ich für das Gelingen von Gemeinschaft, besonders dann, wenn eine Trennung, wenn ein Abschied bevorsteht? Warum ist dann die Übernahme von Verantwortung für die Gemeinschaft in meinem Denken und Handeln wichtig?

7. Weiterführend ist geplant, nochmals auf die Notwendigkeit der Aktualisierung religiöser Feste einzugehen und von da aus die bleibende Bedeutsamkeit des Bußtages zu bestimmen. Religiöse Feste sind Teile unseres Lebens, nicht nur aus ihrem historischen Vorhandensein, sondern aus ihrer lebensnotwendigen Bedeutung. Feste sind Symbole unserer Lebenswirklichkeit und sie können Lebensbiographien an Übergangssituationen entlastend deuten.

Die Spannung von Freiheits- und Schulderfahrung, Macht- und Ohnmachtserlebnissen tritt in ihnen zutage.

8. Die Anfrage durch die Feiertage, ob ich mich in meinem Tagesleben/ Alltagsleben unterbrechen lasse, soll als bleibende ethische Anfrage und Herausforderung gedeutet werden. Das Sich-unterbrechen-lassen wird mit dem Gebot der Nächstenliebe verbunden werden: dies anhand einer Deutung und Interpretation des Jesusgleichnis vom barmherzigen Samariter durch H. Thielicke (7. Mat. 3.).

Was wir in den religiösen Festen einüben, läßt sich im Leben ethisch verwirklichen.

5. Aufbau der Einheit

1. Schritt: Unser Leben als Schüler ist durch Feste und Festzeiten unterbrochen

Im Schülerleben spielen die religiösen Feste äußerlich eine viel einschneidendere Rolle als dies im Berufsleben der Erwachsenen der Fall ist.

Ziel: Erkenntnis und Erarbeiten der verschiedenen Zyklen.

Methode: Unterrichtsgespräch mit kleineren Informationseinheiten des Lehrers oder Schülern („Forschungsauftrag“ zu den Begriffen: Sonntag, Rolle des Sabbats, Rolle des Freitags im Islam). In mündlicher Referatsform sollen die Ergebnisse vorgetragen werden.

– Kleiner Zyklus der Woche: Rolle des Sonntags bedenken. Möglich ist ein kurzer Religionsexkurs: Vergleiche mit Judentum und Islam.

– Der Jahreszyklus: Die Einschnitte im Schuljahr sind an christlichen Festen orientiert. Der Sommereinschnitt bildet eine Ausnahme.

Spielen die religiösen Feste über die äußere Unterbrechung auch innerlich eine Rolle?

2. Schritt: Der Alltag als säkularisierte Wirklichkeit

Lektüre: Text Nr. 1, Mat. 7:

Dieser Punkt kann sowohl durch die Lektüre als auch über einen Vortrag (Lehrer oder Schüler) behandelt werden. Den Aufbau des Textes besprechen. Fragen zum Inhalt des Textes.

Weiterführend können hier Fragen angeschlossen werden, wie es zu dieser geschichtlichen Veränderung gekommen ist:

1. Ausfall der Religion

Wandel der Weltbilder(hier ist der Rückgriff auf frühere Einheiten möglich, Wechsel vom theozentrischen zu einem anthropozentrischen Weltbild).

2. Rolle der modernen Wissenschaften

These: Die Geschichte der Naturwissenschaften ist die Geschichte des Atheismus.

3. Die Religionskritik

4. Religiöse Gleichgültigkeit

5. Christliche Reaktionen: Gleichgültigkeit, Toleranz, Fundamentalismus, Synkretismus.

Hier besteht die Möglichkeit, Unterrichtsstoff aus der Jahrgangsstufe 11 zu wiederholen.

Wenn alles zum Alltag wird, welche Konsequenzen hat dies für den Menschen?

Welche Gründe sprechen für eine Unterscheidung von Festzeit/heiliger Zeit und Alltag?

3. Schritt: Wie erleben wir in der Schule die Unterbrechung durch Festtage?

Ziel: Jeder hat unterschiedliche Erfahrungen mit dieser Frage gemacht, sie gehören zur religiösen Biographie dazu. Für immer mehr Schüler sind die Erfahrungen im Fach Religion die einzigen, die sie mit Religion überhaupt machen. Was unterscheidet religiöse Erfahrung in der Schule von anderen religiösen Erfahrungen?

Hier gilt es, in der Gruppe eine Bestandsaufnahme vorzunehmen.

4. Schritt: Die religiöse Bedeutung von Festen und Feiertagen

Lektüre: Text Nr. 2, Mat. 7:

Aufbau und Argumentationsgang des Textes besprechen. Gliederung erstellen.

Klärung des (psychologischen) Begriffs „Ambivalenz".

Lexikon der Psychologie, Freiburg 1980: „Doppelwertigkeit, Doppelgerichtetheit". Der Begriff wurde von E. Bleuler in die Psychologie eingeführt und bezeichnet das gleichzeitige Auftreten zweier antagonistischer Gefühle.

E. Bleuler, Lehrbuch der Psychiatrie, Heidelberg 1983, S. 74: „Ambivalente Gefühlsbetonungen können vom Gesunden bewältigt werden; aus widersprechenden Wertungen kann er ein Fazit ziehen. Er kann lieben, wenn er die Schattenseiten einer Geliebten berücksichtigt. Unbewältigte Ambivalenzen aber spielen sowohl bei neurotischen wie bei schizophrenen Erkrankungen eine quälende Rolle und erschweren eine natürliche Einstellung zur Umwelt. Haßt und liebt jemand nebeneinander, ohne daß sich die beiden Gefühle gegenseitig ausgleichen, resultiert innere Spannung und Ziellosigkeit im eigenen Tun."

Mögliche Fragen zum Text von D. Stollberg:
Welche Funktionen des Festes nennt D. Stollberg? (Es ist hilfreich, hier eine Liste zu erstellen, da diese später bei Schritt 5 benötigt wird.)

Warum sind Feste nach Meinung von D. Stollberg „gefährlich"?

Wie kann ein Fest Ambivalenzen aushalten oder nebeneinander stehen lassen oder anregen, sie zu integrieren (sich letztlich mit ihnen zu versöhnen)?

etc.

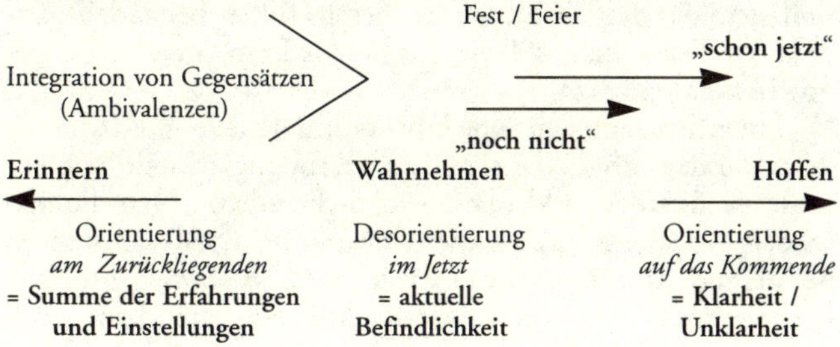

5. Schritt: Das große „Lebensfest" der Schule (das Abitur)

Ziel: Die Schüler erstellen für sich eine Bilanz des Schullebens mit einer realistischen Erkenntnis von dem, was gelungen und dem, was weniger gelungen ist. Sie tauschen sich darin mit anderen aus und besprechen ihre Erfahrungen.

Theologisch wird zurückgegriffen auf die Erkenntnis aus der Analyse der Urgeschichte, daß Leben nicht immer „rund und schön" ist, sondern eckig und theologisch „gebrochen" bzw. im Verlust. Leben ist fragmentarisch. Die sich hieraus ergebenden Ambivalenzen des Lebens sollen den Schülern deutlich gemacht werden, und sie sollen angeregt werden, sich weiter mit diesen auseinanderzusetzen. Damit verbunden ist auch die Frage nach unserer Schuld zu bedenken.

Die Schüler sollen angeregt werden, sich mit dem Lebensthema Schule versöhnend zu beschäftigen. Dazu gehört in einem ersten Schritt das Wahrnehmen und Zulassen von oftmals unterschiedlichen Gefühlen wie Ärger, Wut, Traurigkeit, Freude. Auch die Dankbarkeit und die Freude über das, was gelungen ist, soll bedacht und gewürdigt werden, damit verbunden auch die Frage, ob ich diesen Dank aktiv ausdrücken will, und wenn ja, welche Formen mir angemessen erscheinen (Dank Schüler-Schüler; Dank Schüler-Lehrer).

Wie kann ich meine Beziehung zu anderen und zu Gott gestalten, damit Gespräch entsteht und nicht abgebrochen wird? Was gehört zu einer tragfähigen Beziehung?

Wie kann ich mit dem Nebeneinander von Macht- und Ohnmachtserfahrungen leben? Was bedeutet es, in seinem Leben schuldig geworden zu sein?

Hinweis: Das Thema Schuld ist in der Gesamteinheit „Das Selbstverständnis des Menschen. Anthropologische Modelle und die Sicht des Christentums" bereits früher behandelt worden. An dieser Stelle soll auf das bereits Erarbeitete zurückgegriffen werden.

Unterscheidung von subjektiv empfundener Schuld ‚die aus dem Handeln gegen die eigene Überzeugung entsteht', objektiv feststellbare Schuld ‚die aus dem Handeln gegen die geltenden Verhaltensnormen entsteht' und krankhaft empfundener Schuld, ‚die aus nicht bewältigter Angst, Zwanghaftigkeit oder depressiver Persönlichkeitsstruktur entstehen kann', soll vorgenommen worden sein. Auch das Ausbleiben von Schuldgefühlen trotz aufweisbarer Schuld wurde besprochen. Die unterschiedlichen seelischen Abwehrmechanismen wurden den Schülern vorgestellt (Vermeidung, Ausweichen, Kompensation, Überkompensation, Zwangshandlungen, Regression, Fixierung, Verdrängung, Verleugnung etc.). In einer engagierten Gruppe kann hier anhand einiger Beispiele deutlich gemacht werden, wie der Mensch in Situationen der aufweisbaren Schuld aus Angst diese seelisch abwehrt.

Methode: Unterrichtsgespräch. Teilweise werden diese Themen nicht in der Gruppe ansprechbar sein (Vertrauensbasis). Dennoch halte ich es für wichtig, diese Fragen zu stellen, sie zu streuen. Mögliche Arbeitsform wäre dann die Partnerarbeit mit auswertendem Gruppengespräch.

Ich halte es für zweckmäßig, den Schülern für ihre Arbeit die Fragen schriftlich vorzulegen, dies auch deshalb, weil so die Möglichkeit gegeben ist, daß Schüler, die sich jetzt (noch) nicht mit den Fragen auseinandersetzen möchten, dies zu einem späteren Zeitpunkt tun können.

Arbeitsblatt: Das „große Lebensfest" der Schule

Wer hat in der Schulzeit Ansprüche oder bleibende Anfragen an mich gerichtet?

Vor welchen „Foren" stehe bzw. stand ich?

Wie sahen oder wie sehen diese Anfragen aus und was heißt es, ihnen gerecht bzw. nicht gerecht werden zu können oder geworden zu sein?

Gedankenexperiment: Angenommen, Sie könnten Ihren Lebensfilm zurückdrehen und angenommen, Sie könnten aktiv in die Lebensregie eingreifen, wo, wann, warum und was würden Sie heute verändern?

Was gilt es in meinem Leben von heute aus als zu Betrauerndes abzugeben?

Was bedeutet es, dies Gott abzugeben?

Welche Bedeutung hat hier religiöses Erleben?

Wo muß ich bleibend Abschied nehmen und was kann ich noch verändern?

Wenn ich einer Person / mehreren Personen dankbar bin für die Begleitung / Anregung auf meinem Weg, will / werde ich ihr / ihnen dies zeigen?

Welche Form von Dankbarkeit wäre für mich angemessen?

Wenn dies eine Lehrerin oder ein Lehrer ist, werde ich ihr / ihm danken?

Wie kann ich Kritik üben, ohne den anderen zu verletzen?

Was heißt, konstruktiv Kritik zu üben?

Ist der Satz „Man kann ja doch nichts ändern“ zutreffend?

Muß ich immer verzeihen?

Wo bin ich schuldig geworden?

Wie kann ich mit Schuld umgehen? Welche Wege sind mir bekannt?

Gibt es für mich überhaupt persönliche Schuld oder sind es die Umstände, die Strukturen, Voraussetzungen, die mein Handeln bestimmt haben?

Wie habe ich Macht und Ohnmacht in meinem Schulleben erlebt?

Wo habe ich gegen andere bewußt oder unbewußt Macht oder Gewalt ausgeübt in Gedanken, Worten und Taten?

Wie haben Sie die bisherigen Abiturfeste erlebt?

Halten Sie nach den oben gewonnenen Definitionen eines Festes diese für gelungen?

Wie wurde hier der Wunsch nach Abschied beantwortet?

Wie müßte eine Abiturfeier aussehen, damit in ihr die Elemente eines echten Festes enthalten wären?

Welche Rolle und Verantwortung haben wir in die Gesamtplanung und spätere Durchführung der Schulfeier aktiv einzugreifen?

Wie könnten wir vorgehen?

Gedankenexperiment: Was müßte ich tun, damit die Feier garantiert danebengeht und ich am Ende dastehe mit dem Satz: „Alles Mist, wie gehabt!“

Wie wollen wir in unserem Kurs den Abschied gestalten?

Im Mittelpunkt der sich anschließenden **theologischen Auseinandersetzung** steht eine **Gebet** von F .C. Oettinger:

„Herr, gib mir die Gelassenheit, Dinge hinzunehmen, die ich nicht ändern kann, den Mut, Dinge zu ändern, die ich ändern kann und die Weisheit, das eine vom anderen zu unterscheiden.“

Mögliche Erörterungsfragen:

1. Welches Bild vom Menschen zeichnet der Beter mit seinen Gedanken?
2. Wie versteht er den Begriff menschlicher Freiheit?

3. Wie geht der Beter mit Ohnmachtserfahrungen um?

4. Was könnte es für den Beter bedeuten, schuldig zu werden?

5. Welche Vorstellung von Gott liegt diesem Gebet zugrunde?

6. Welche Gottesvorstellungen werden abgelehnt oder kritisch beleuchtet?

7. Könnten Sie den Gedanken F .C. Oettingers zustimmen?

8. Versuchen Sie mit Ihren Worten zu beschreiben, was christlicher Glaube für den Beter bedeutet?

9. Wie löst der Beter die Frage nach der Ambivalenz im Leben?

6. Schritt : Die religiösen Feste sind Symbole für das Leben

Ziel: Die Feste des Kirchenjahres enthalten neben ihren theologischen Inhalten Vorschläge für ein Gelingen des Lebens. Feste sind Symbole des Lebens (Tafelanschrieb).

Methode: Unterrichtsgespräch ausgehend von einem Vortrag (Schüler) über das Kirchenjahr und von kurzen Einführungen über die Feste Erntedankfest, Volkstrauertag, Buß- und Bettag, Totensonntag und 1. Advent (vgl. Literaturhinweis). „Forschungsaufträge" an einige Schüler, Einübung in freier Rede: max. 5 Minuten.

An der Tafel werden gegenübergestellt:

Fest	Theologische Themen	Schülererfahrung der Klasse 13

Erwartete Antworten auf der Seite Schülererfahrung der Klasse 13:

Erntedankfest: schriftliche / mündliche Abiturprüfung bzw. Zeit der Reflexion und Abiturvorbereitung.

Volkstrauertag: Wir gehen auseinander. Gemeinsam haben wir viel erlebt, Schönes und weniger Schönes, Helles und Dunkles.

Bußtag: Erkenntnis meiner Fehler oder Versäumnisse. Erkenntnis der Fehler und Versäumnisse als Jahrgangsgemeinschaft, dieses gegenüber – mir – dem Nächsten – der Gemeinschaft – Gott.

Totensonntag: Abschiedssituation, Betrauern des Schullebens.

„Kleine Tode“= der Abschiedssituation, der Übergangssituation.

1. Advent: Der 1. Advent markiert zusammen mit dem Totensonntag die Abiturfeier, steht einerseits unter dem Alten und Vergangenen, andererseits macht er bereits den Blick für ein Neues frei (neue Lebensfülle und Lebensmöglichkeit).

Ergebnis: Die bleibende Bedeutsamkeit der Festtage und besonders des Bußtages beschreiben können. Religiöse Feste sind Teile unseres Lebens, nicht nur aus ihrem historischen Vorhandensein, sondern aus ihrer lebensnotwendigen Bedeutung. Feste sind Symbole unserer Lebenswirklichkeit und sie können Lebensbiographien an Übergangssituationen entlastend deuten. Vertiefung des Tafelbildes unter Schritt 4.

**7. Schritt: Das „Sich – unterbrechen – lassen“
(religiöse / ethische Herausforderung)
oder: Die christliche Improvisation**

Lektüre: Text Nr.3, (7. Mat.): H.Thielicke, Gleichnis vom Barmherzigen Samariter, Lk 10, 25-37.

Ziel: Die Anfrage, ob ich mich in meinem Tagesleben / Alltagsleben unterbrechen lasse, wird im folgenden als die bleibende ethische Herausforderung des Lebens definiert. Was wir in den Festen einüben, läßt sich im Leben ethisch verwirklichen.

Es sei hier nur angedeutet, daß mit der Interpretation von H.Thielicke die Verbindung zur biblischen Anthropologie (Interpretation der Urgeschichte etc.) vollzogen werden kann. Gleichzeitig leitet der Text auf das Thema des kommenden Halbjahres über (Die Ethik).

Mögliches Vorgehen:

Ambivalenzen des Priesters und Levits besprechen. Modell der ethischen Entscheidung entwickeln. Nach welchen Normen, Werten entscheiden hier die verschiedenen Personen? etc.

6. Überlegungen für die Sekundarstufe 1

1. Kirchliche Feste und Festzeiten dürfen nicht ausschließlich Thema für Kindergottesdienst oder Jugendgruppen sein, sondern sollten in ihrer wichtigen anthropologischen Bedeu-

tung als Hinweise auch für den RU ernstgenommen werden.

2. Das Kirchenjahr enthält in seiner „Dogmatik“ Hinweise für die Erschließung der Lebensrealität gerade für Heranwachsende. In seiner Gesamtabfolge beschreibt es die Abfolge einer gelungenen Ichwerdung (Individuation). Diese Reifungshilfen können den Schülern vermittelt werden.

3. Der RU sollte sich regelmäßig von ihnen unterbrechen lassen.

4. Mögliche Form dabei:

– als Unterbrechungen des laufenden Themas

– in die laufenden Themen integriert, d.h. die Rahmenrichtlinienthemen nach dem Bezug zum Kirchenjahr hin aufbauen. Nicht die „Liturgisierung“ des RU ist hier das Ziel, auch nicht der Versuch, liturgische Elemente ungeprüft in den RU zu übernehmen, sondern die Wiederentdeckung der für unseren Kulturkreis prägenden Feste nicht als überkommene Fossilien, sondern als Symbole für gelungenes Leben. Es ist also nicht damit getan, die religiösen Inhalte der Feste einfach nur zu wiederholen, sondern man sollte sie auf ihre psychische und existentielle Lebensebene hinterfragen. Wo und wie erschließen sie Lebensrealität?

Wo und wie geben sie Hilfen und Anregungen zur Reifung des Menschen?

Welche Antworten auf meine Lebensfragen werden gegeben?

5. **Hilfreiche Materialien,** die man m.E. gewinnbringend im RU der Sekundarstufe 1 einsetzen kann:

– E. Domay (Hrsg.), Menschenzeit Gotteszeit, Lahr 1992.

Es handelt sich hierbei um ein Vorlesebuch zum Kirchenjahr. Sehr hilfreich sind die Übersichten am Ende des Buches, sie führen von den Festen zu den einzelnen Texten, die wiederum nach ihrer Eignung für Kinder, Jugendliche, Erwachsene, Senioren, Familie unterschieden werden.

– L. Schmidt, Texte und Themen zum Gottesdienst, Göttingen 1980. Dieses kleine Buch ist eine wahre Fundgrube für alle, die sich mit den oben angedeuteten Fragen zum Kirchenjahr weiterführend beschäftigen möchten. Neben den liturgischen Hinweisen werden Textvorschläge und eine Fülle von Lektürevorschlägen nicht nur zur Elementarisierung der einzelnen Feste gegeben, sondern auch die Hinweise auf den Erwachsenenkatechsimus helfen, sich näher mit den Fragestellungen auseinanderzusetzen. In der Regel schlägt der Verfasser ca. 14 Texte vor, bzw. nennt 14 Themenkreise, die für den einzelnen Sonntag von Bedeutung sind.

– M. Senftleben, Mit dem Kirchenjahr leben, Konstanz 1986. Dieses Buch ist deutlich an das von L. Schmidt angelehnt (übernimmt Teile der Gliederung), beschränkt sich aber nur auf die liturgische Bedeutung der einzelnen Feste und Sonntage im Kirchenjahr.

– J. Thiele (Hrsg.), Das große Hausbuch, Stuttgart 1991. Schon der Untertitel verrät die „Breite" dieses Buches: Brauchtum, Feste und Freude in der christlichen Familie. Das ökumenisch angelegte Buch enthält eine Fülle von Texten, Liedern und Gedichten zu dem Jahreskreis / Kirchenjahr. Besonders gewinnbringend zu lesen sind die Exkurse über das Brauchtum der einzelnen Feste und Festzeiten.

– Feste des Lebens: Ein biblisches Hausbuch, Stuttgart 1993. Hier findet man die biblische Textfülle zu den Festen, Einführungen zur Geschichte und Bedeutung der Feste sowie Gedichte, Lieder und Gebete.

– P .Härtling, Textspuren. Konkretes und Kritisches zur Kanzelrede. Hier werden Texte von Schriftstellern, Theologen, Wissenschaftlern etc. den einzelnen Sonntagen des Kirchenjahres zugeordnet. Man erhält viele Anregungen für eine Umsetzung im RU.

7. Material

1. **Alltag als säkularisierte Wirklichkeit** aus: H. Fries, Religion in der Alltagswelt. – In. Studientexte Funkkolleg Religion, Basel 1985, S. 9-24 (hier: S. 11f)

Man könnte zunächst sagen: Alltagswirklichkeit ist dadurch bestimmt, daß der Alltag die ganze Wirklichkeit des Menschen von heute ausmacht.

Was bedeutet dies? der Alltag ist der Tag des beruflichen Dienstes, der täglichen Geschäfte, des Leistungsdrucks, der Sorgen und Besorgungen, der Zwangsläufigkeit, der Angepaßtheit, der Tag, an dem es sehr weltlich, sehr routiniert, sehr nüchtern, profan und bürokratisch zugeht. Es ist zugleich die Welt, die wir mit anderen teilen. Der Alltag ist, so könnte man sagen, die *säkularisierte Wirklichkeit.* Wenn von weltlicher, säkularisierter Wirklichkeit die Rede ist, soll damit gesagt sein, daß ein „Gegenüber" zum Alltag fehlt: Es gibt keinen Festtag, keinen Feiertag, der den Menschen über den profanen Alltag erhebt; es gibt nichts, was dem Festtag einen anderen Inhalt geben könnte, als er im Alltag ohnehin schon gegeben ist. Der Sonntag, in früheren Zeiten der „Tag des Herrn" genannt, ist heute das „Wochenende", wo liegengebliebene Arbeit erledigt wird, wo man vielleicht auch etwas anderes tut als am Werktag, aber nichts, was nicht im Horizont der Alltagswirklichkeit verbliebe; es ist eine andere Art der Beschäftigung und Betriebsamkeit mit weltlichen Dingen. Die früheren Feiertage, die der Erinnerung und Vergegenwärtigung der durch das Kirchenjahr geprägten religiösen Inhalte dienten (zumal an Weihnachten und Ostern), werden zum verlängerten Wochenende oder zum Urlaub, der wiederum im profanen Bereich verbleibt. Nichts ist dafür so bezeichnend wie die Wörter „Freizeitindustrie" und „Tourismus". Hier wird dem Menschen abgenommen, seine freie Zeit selbst zu erfüllen und zu gestalten, indem man ihn zu beschäftigen und somit in Gang zu halten sucht, damit er für die Alltagswirklichkeit wieder neue Kräfte und Antriebe sammelt. Nichts anderes meint das Wort „Freizeitbeschäftigung". Von den früheren Sonn- und Feiertagen ist gleichsam nichts übriggeblieben. Dazu kommt das häufig festgestellte Eingeständnis, daß Sonntage, vor allem aber Feiertage, für die Menschen langweilig, ja oft unerträglich werden, weil sie damit nichts anzufangen wissen.

Das ist die wichtigste Charakterisierung der Alltagswirklichkeit: Sie ist zur Wirklichkeit schlechthin geworden. Der Sinn für das, was den Alltag als Arbeitswelt übersteigt oder ein Gegenüber zu ihm bildet, ist weithin abhanden gekommen. Das Profane, Weltliche, Vorhandene, unmittelbar Gegebene und vor Augen Liegende ist die alles bestimmende Wirklichkeit geworden, neben der sonst nichts mehr Platz hat. Das frühere Morgengebet wird durch die Lektüre der Zeitung ersetzt, das Abendgebet durch das Fernsehen, am besten durch Sportberichte oder Kriminalfilme; das im Fernsehen ausgestahlte „Wort zum Sonntag" ist eine günstige Pause zum Bierholen. Kirchen gelten als Museen, feierliche lateinische Choräle als Konzert. Man sieht: Die Alltagswirklichkeit ist die Wirklichkeit des durchschnittlichen Daseins, des „Man" – verbunden mit den Merkmalen dessen, was alle tun, es ist die Welt des Jedermann.

2. **Fest und Feier** aus: D. Stollberg, Religiöse Ausdrucksformen, aaO., S. 24-37 (hier: S. 33f.)

Es gibt Festzeiten und festlose Zeiten, und damit wird zugleich auf ein Charakteristikum des Festes hingewiesen: Üppigkeit, Fülle und Genuß gegenüber Zurückhaltung, ja Askese und Verzicht. Festlose Zeiten sind, beispielsweise im Kirchenjahr, sogenannte Fastenzeiten, Zeiten der Einkehr und Besinnung, „stille Zeiten", oft auch Zeiten der Buße und Reue aufgrund von Angst und Schuld, etwa in aktuellen politischen Krisenzeiten oder in Erinnerung daran.

Freilich, sosehr man Fest und Feier unterscheiden kann, sosehr gehören sie doch zusammen: Man feiert Feste. Zu jeder Feier gehört das Spiel, ja die Feier selbst hat spielerischen Charakter – nicht: verspielten, gleichsam nicht ernst zu nehmenden, unechten. Man spricht ja auch in unserer Zeit von „Festspielen" und assoziiert damit festliche Kulturereignisse, Konzertreihen und Opernaufführungen (z.B. Bayreuth, Salzburg), die auf den Ursprung des Festes durchaus hinweisen: So wurden in der griechischen Antike religiöse Feste mit dramatischen Aufführungen kultischen und zugleich historischen Inhalts (Tragödien, Komödien), verbunden, in denen die geltende Weltanschauung zur Darstellung kam, und auch der christliche Gottesdienst läßt sich als ein Stück stilisierter und – oftmals durch allzu große historische Distanz und Abtraktion nicht mehr verstandene – holzschnittartige dramatische Gestaltung der „Heilsgeschichte", wie sie der christliche Glaube bekennt, verstehen. Selbst bei sich noch so säkular gebenden Festen, Feiern und Festspielen geht es immer um Finden und Bestätigen von Gemeinschaft und Solidarität, Genuß und Freude, Gefühl und Ausdruck dessen, was uns unmittelbar betrifft.

Man geht zum Fest aus Sehnsucht und Übermut, aus der Hoffnung und Angriffslust, aus Hunger und doch in der Erwartung, etwas geben, sich beteiligen zu können. Man hofft auf ein bißchen Glück, wenn schon nicht auf ewige Seligkeit. Sehnsucht und Leere weisen auf die Tatsache hin, daß glückende Feste selten aus Situationen allgemeiner Zufriedenheit und Ruhe hervorgehen, sondern aus ängstigenden, irgendwie armseligen und bedrohlichen Situationen: Sie werden von Menschen im Krieg, auf Dachböden oder Kellern inszeniert, Menschen, deren Zukunft höchst ungewiß ist; sie werden in Schützengräben gefeiert und zwischen Unbekannten zelebriert, die sich „an bessere Zeiten" erinnern und die „auf bessere Zeiten" hoffen.

Natürlich gibt es neben diesen spontanen Hochfesten, die sich kaum ritualisieren und wiederholen lassen, regelmäßig wiederkehrende, längst institutionalisierte Feste, die man zur seelischen und sozialen Hygiene feiert – beinahe so, wie man sich die Zähne putzt. Und auch sie sind äußerst sinnvoll und haben ihre Reize: alljährlich wiederkehrende Begehungen des rhythmischen Wechsels der Jahreszeiten etwa, allwöchentliche Feiern des Wechsels von Ruhe und Arbeit, allwöchentliche Erinnerungen an große Heilsereignisse – wie beispielsweise im Christentum an Ostern und Karfreitag (Sonntag bzw. Feiertag). *Fest und Feier sind Markierungen des pulsierenden Rhythmus fließenden Lebens,* wie es von einzelnen und von Gruppen erlebt wird. Wir können daher neben den übergreifenden kollektiven Passageriten Berufs- und Standfeste einzelner Kulturen beobachten. Unter dem Gesichtspunkt der Zeit lassen sich Erinnerungsfeste, Gegenwartsfeste und Erwartungsfeste beschreiben. Es gibt Ruhe- und Aufbruchsfeste; Naturfeste; Kulturfeste; Kriegs-, Friedens- und Wettkampffeste (seit den Zeiten Olympias und davor).

Gerade an den Festen, die in Zusammenhang mit sportlichen Wettkämpfen gefeiert werden, lassen sich verschiedene *Funktionen des Festes* deutlich erkennen. Besonders wichtig ist die Funktion der *Integration von als unvereinbar erlebten Gegensätzen* emotionaler Impulse in einzelnen Menschen wie in ganzen Gruppen, also die Funktion der Bewältigung unbewußter *Ambivalenzen,* beispielsweise von Zusammengehörigkeits- und Unabhängigkeitsbedürfnissen, von Konkurrenz- und Kooperationsstreben, von Loslassen (Passivität) und Erobern (Aktivität und Aggression), von realistischem Anpassungbedürfnis und Streben nach schöpferischer Veränderung der Zustände.

So dienen Feste der *Bewältigung von Grundproblemen menschlichen Zusammenlebens.* Bei allen Wettkämpfen besteht ein Teil des Genusses und der Freude darin, daß unvereinbare

Gegensätze miteinander zur Versöhnung gebracht werden. Von daher gilt auch Fairneß als einer der höchsten Werte im Sport, denn Verlierer und Gewinner bleiben – jedenfalls im Idealfall – Freunde, die Auseinandersetzung geschieht auf der nicht anzuzweifelnden Basis von Mitmenschlichkeit und Solidarität. So sind Wettkämpfe, wenn sie gelingen, das ideale Modell von Friedensfesten. Das menschliche Bedürfnis nach Auseinandersetzung wird nicht geleugnet und nicht in den – gefährlichen! – Untergrund verbannt, ins Unbewußte abgeschoben, aus dem es in nicht mehr erkennbarer Verkleidung um so destruktiver wiederkehrt, sondern Auseinandersetzungen und Zusammenarbeit, Individuation und Kommunikation finden einander im Spiel zu höherer Einheit. Daß es sich um Feste handelt, die man mit Freude feiert, liegt daran, daß dieser Frieden als Normalfall nicht gegeben ist und nur in der menschlichen Sehnsucht als dauerhaft phantasiert und erhofft wird. Hier im Festspiel des „Edlen" (!) Wettstreits sieht sich die Sehnsucht ein Stück weit realisiert. So eignet jedem Fest „Wartecharakter", etwas „Eschatologisches", ein „Schon-Jetzt" und gleichzeitig „Noch-Nicht". Man hat deshalb von der „utopischen Funktion" des Festes gesprochen (G. M. MARTIN). Ein Fest, etwas Besonderes und Lustvolles ist es, weil es tatsächlich hier stattfindet, weil man daran teilnehmen und die Festgenossen sehen, riechen, anfassen kann, weil es etwas zu essen und zu trinken gibt – und gemeinsam schmeckt es allemal besser – und weil man sich an außergewöhnliche Ereignisse der Vergangenheit erinnert, wie man auf das Außergewöhnliche – den ewigen Frieden etwa – gemeinsam neu zu hoffen wagt, um schließlich getröstet, erhoben, erschöpft und satt von Freude nach Hause zu gehen. Die alltägliche Ruhe wurde von einem Höchstmaß ritualisiert-kanalisierter Erregung abgelöst und darf nun mit neuem Recht zurückkehren.

So ist jedes Fest Schnittpunkt von Erinnerung, Wahrnehmung und Hoffnung, von Vergangenheit, Gegenwart und Zukunft, aber auch von Nehmen und Geben, Lieben und Geliebtwerden, Leidenschaft und Depression, Hemmungslosigkeit und Ordnung.

Ein Fest wird zum Fest dadurch, daß all dieses Ausdruck erfährt. Tausend Eindrücke müssen im menschlichen Leben täglich verarbeitet werden. Die Chance der Bewältigung schlechthin ist das Finden neuen Ausdrucks, dadurch der Aufbau neuen Kontakts, Überwindung der Einsamkeit, Erwerb von

Selbstachtung und Selbstvertrauen durch Anerkennung und Verständigung, die zum Verständnis führt: Wer sich verstanden fühlt, erlebt jedesmal ein kleines Fest mit dem, der ihn versteht. Dieses gilt natürlich nicht nur in „guten“, sondern auch in „schlechten“ Zeiten, etwa Zeiten des Verlusts, der Krankheit und des Todes, so daß man auch im Zusammenhang mit der von den Tiefenpsychologen so genannten „Trauerarbeit“ feiern muß. Man denke an Begräbnis- und Gedenkfeiern.

Als Mittel des Ausdrucks kommt alles in Frage, was in einer bestimmten gesellschaftlichen oder kulturellen Situation der feiernden Gruppe zur Verständigung dienen kann. Das Mittel festlichen Ausdrucks schlechthin ist die *Musik*, die außerdem durch all die Jahrtausende menschlicher Entwicklung ihre internationale Verständlichkeit bewahrt hat. (LUTHERS Hochschätzung gerade dieser Kunst ist keineswegs zufällig.) Ihr folgen alle anderen künstlichen Ausdrucksmittel, beispielsweise Plastiken und Bilder, Ornamente und Schmuck (Blumen) aller Art, Düfte (Weihrauch) und andere die menschlichen Sinne ansprechende Impulse. Der *Tanz* und seine Urformen, zum Beispiel für jedermann zur Beteiligung geeignete Umgänge und Prozessionen, gehören selbstverständlich zu den ältesten und direktesten Ausdrucksmöglichkeiten, unter die wir auch Schreien, Stöhnen, Seufzen, Weinen, Schlagen (Trommeln) und Stampfen rechnen dürfen. Das Aus-sich-heraus-Gehen, Sich-Äußern, Sich-aus-Drücken kann so heftige Formen annehmen, daß wir vom Zustand der *Ekstase*, des Außer-sich-Seins, sprechen. Er kommt in allen Religionen vor und muß, falls er, aus welchen Gründen auch immer, dort nicht mehr erreicht werden kann, aufgesucht werden. Unterdrückte Emotionalität macht anfällig für demagogische Appelle und führt unter Umständen zu extremen destruktiven kollektiven Ausbrüchen.

Den Gemeinschaft stiftenden, spielerischen, Ambivalenzen und Schwellenängste bewältigenden, erinnernden und vorausschauenden sowie ekstatischen Funktionen des Festes sind die transzendierende und die repräsentative Funktion hinzuzufügen, geht es bei der transzendierenden Funktion des Festes um jene Ausgrenzung von Zeit aus dem ewig erscheinenden Fluß des Alltags, der das tötende Einerlei unbewegter Dauer rhythmisiert, der Arbeit und Ruhe aufeinander sinnvoll bezieht und die ganze Zeit als Geschöpf auf die Schöpfergottheit bezieht. Sie wird damit erträglich, ja lebens- und liebenswert und genießbar: „Meine Zeit steht in deinen Händen“ (Ps 31,16). So entstehen *Festzeiten* und *Festtage,* die aus der Zeit hinausweisen, *heilige Tage* (engl. *holy days = holidays*).

Daß jedes Fest irgend etwas im vordergründig vergegenständlichenden Sinn, in dem wir von reinen Tatsachen sprechen, nichts Vorhandenes „herbeizaubert“ und insofern repräsentiert, ist für das Verständnis des Menschen als des Wesens, das feiert, besonders wichtig. *Repräsentation* bedeutet Zurückholen in die Gegenwart. Das „Re-“(zurück) deutet auf die Vorstellung hin, es sei schon einmal dagewesen. Und entsprechende Geschichten werden im Zusammenhang der jeweiligen Feste ja auch erinnert und erzählt, verlesen und im Sinne von Kunst und Dichtung sogar neu geschaffen. „Re“-präsentiert wird aber auch die Zukunft (s. o. zur utopischen Funktion): Das „Heil“ ist plötzlich schon angebrochen, das „Reich“ schon vorhanden, der „Sieg“ schon errungen. Insofern ist jedes Fest auch ein Probeaufstand gegen das Althergebrachte, die nur scheinbar unumstößlichen Regeln, kurz: gegen die Unfreiheit. Feste sind daher gefährlich, und jede Gesellschaft ist bestrebt, festliche Kreativität nicht überschießen zu lassen. Totalitäre Systeme oder Tyrannen mißtrauen den Festen ihrer „Untertanen“ gründlich und – von ihrem Standpunkt aus gesehen – zu Recht. Denn, wo gerieten wir hin, wenn die Freude als höchster Zweck alle anderen Zwecke relativierte, wenn die Zwecklosigkeit des Feiertags, an dem Gott mit seinen Geschöpfen ruht und das Leben genießt, zur Maxime würde, wenn Zwänge und Dienst von jedermann gegen Freiheit und (aktive Teilnahme an) Herrschaft eingetauscht würden! Und wo gerieten die Tyrannen hin – oder die Bürokraten!

3. **Auszug** aus: H. Thielicke, Theologische Ethik II. 1, Tübingen 1986, S. 386f.

Der unter die Mörder Gefallene ist in keinem Tagesprogramm der Vorübergehenden vorgesehen und repräsentiert darum einen Anspruch an die Improvisation. Wie diese Improvisation bei dem Leviten und dem Schriftgelehrten zerstört wird, ist nicht gesagt! Die Deutung besitzt den Spielraum für beide in Frage kommenden Erklärungen: *Entweder* die beiden hatten einen wichtigen Auftrag zu besorgen (vielleicht hatte der Schriftgelehrte abends einen Vortrag über Nächstenliebe in Jericho zu halten!) und gerieten in Konflikt zwischen dem Anspruch des Augenblicks und dem Anspruch ihrer Verpflichtung. Aus diesem Abwägen der konkurrierenden Werte, aus dieser „Berechnung" also, ging der Entschluß hervor, den Augenblick zurückzustellen und an dem „Nächsten" (persönlich und neutrisch verstanden!) vorüberzugehen. Das wäre die Zerstörung der Improvisation durch ein Berechnen-wollen. *Oder* aber die beiden ließen sich im Sinne des laissez-faire „treiben"; sie waren auf die Entscheidungsfrage, weil sie kein Nachdenken über das Wesen des Nächsten „besorgt" hatten, nicht gefaßt; darum siegte die Angst und der Selbsterhaltungsinstinkt. In beiden Fällen war dem zum Handeln bereiten pneuma kein Raum gegeben.

(1099) Die *wirkliche* Improvisation bedeutet also, im Durchschreiten der besorgenden Reflexion dessen gewiß zu werden und daran zu glauben, daß Gott meine ihm dienende Sache nun auch zu der Seinigen machen und „selber" dafür eintreten will; daß mir darum auch „im Augenblick" eine Klarheit darüber geschenkt werden wird, wo die Grenzen zwischen der göttlichen und der widergöttlichen Sache verläuft. Ich weiß, daß ich bei diesem glaubenden Improvisieren nicht von ihm geschieden werden kann, auch wenn ich immer wieder und speziell in der Grenz-Situation dem peccatum in re verfalle. Denn die Tatsache, daß es hier entscheidend nicht auf *meine* Berechnungen ankommt, gründet ja darin, daß ich nicht mehr unter dem Gesetz, sondern unter der Freiheit des Evangeliums stehe, d. h. daß mein Heil an keine Konditionalsätze mehr gebunden ist, wie etwa an den Satz: Nur wenn du in dieser Situation so und so handelst, bewegst du dich innerhalb der Gemeinschaft mit Gott, während du dich sonst von ihr lossagst.

(1100) Genauso wie sich Gesetz und Sorge entsprechen („Sorge, daß du ja nicht in Fehlentscheidungen oder heimlichem Ungehorsam die Bedingungen deines Heils preisgibst!"), genauso entsprechen sich Glaube und Freiheit: dilige et fac quod vis! (AUGUSTIN) und: pecca fortiter, sed fortius fide et gaude in Christum (LUTHER).

Buße schafft Erlösung

Eine Unterrichtsstunde zum Buß- und Bettag für berufsbildende Schulen

Peter Bornkessel

Buße!? Die spontanen, ersten Einfälle zu einem Thema sind wohl diejenigen, die es später auch verdient haben, genannt zu werden. Zunächst erinnere ich mich an einen Kollegen aus der pfälzischen Kirche, der angesichts einer Veranstaltung der Zeltmission, bei der von nah und fern Besucher angereist waren, sagte: „Jesus hat doch gesagt ‚Tut Buße' und nicht ‚Tut sie in Busse'." Sicherlich werden wir nicht in die Verlegenheit kommen, erklären zu müssen, was Busse sind, bei dem Wort „Buße" dagegen wird es nötig sein.

In meinen Unterlagen suche ich nach einem Schreiben der Stadt Ludwigshafen:

SCHRIFTLICHE VERWARNUNG MIT VERWARNUNGSGELD / ANHÖRUNG

Sehr geehrte Dame, sehr geehrter Herr,

Ihnen wird zur Last gelegt, am 16.05.95, um 16.50 in Ludwigshafen, Rheinuferstr., als Führer des Pkw … folgende ORDNUNGSWIDRIGKEIT(EN) begangen zu haben:

Sie überschritten die zulässige Höchstgeschwindigkeit von	50 km/h
Die gemessene Geschwindigkeit betrug	65 km/h
Dies ergibt eine Geschwindigskeitsüberschreitung von	15 km/h

§ 3 Abs. 3, § 49 StVo.

Beweismittel: Foto, traffipax-speedophot

Verwarnungsgeld: 50,00 DM

Meine profane Berührung mit dem „Bußgeld" hielt sich noch in bezahlbaren Grenzen. Was aber viel wichtiger ist, dadurch daß ich, wie man in der Schweiz sagt „gebüßt wurde", ist die Gefahr einer Wiederholungstat geringer, denn wer möchte schon freiwillig unsere Städte- und Gemeindehaushalte auf diese Weise sanieren.

Eine solche „Bußgeld"-Zahlung oder auch das Gegenteil, die Verweigerung einer „Bußleistung", ist unseren SchülerInnen geläufig, bietet also einen Ansatzpunkt für ein Unterrichtsgespräch zum Thema „Buß- und Bettag".

Um das Wort „Buße" noch einmal deutlicher erscheinen zu lassen, schlage ich in einem alten „Lexikon der Pädagogik" unten den Stichwörtern „Buße, Bußerziehung" nach und werde fündig:

„Durch die Verkündigung der Frohen Botschaft in Wort, geistlichem Gespräch, Gottesdienst und christl. Leben muß dem jungen Menschen Blick und Herz weit werden für den lebendigen Gott, für Christus, seinen Erlöser, für die Aufgaben der Liebe, für die Werte und Ordnungen der Schöpfung. Stille, Sammlung, Gebet, Betrachtung, heilige Erlebnisse müssen den Raum schaffen für geistl. Realisierung der göttl. Wirklichkeit (...). Die Erkenntnis seiner ganzen Armseligkeit kann dem jungen Menschen aber nur dann zugemutet werden, wenn ihm auch die schöpferische Macht der vergebenden Liebe Gottes nahegebracht wird. Der Vorgang der B. kommt nur dann zu einem befriedigenden Abschluß, wenn dem Menschen die Kraft geschenkt wird, sich ganz in die Arme Gottes zu werfen und aus der Erfahrung der Liebe Gottes den freudigen Mut zum Wagnis eines neuen Anfangs zu gewinnen" (Band 1, Freiburg 1952, S. 594).

Um „dem jungen Menschen" die Erkenntnis seiner Situation deutlich zu machen, erscheint es sinnvoll, den Blick auf zeitbezogene Betroffenheiten zu lenken, ohne dabei Aussagen und Erfahrungen der vor uns Lehrenden schmälern zu wollen, geht es doch in der Tat darum, „aus der Erfahrung der Liebe Gottes" einen Neuanfang für das eigene Leben zu finden. Eine gegenwartsnahe Annäherung wird in dem Religionsbuch „Spiegelbilder, Religionsbuch für berufsbildende Schulen" (Verlag Europa-Lehrmittel, ISBN 3-8085-6601-9 [Autoren: P. Andreas, P. Bornkessel], 1995) vorgestellt. Die beiden Protagonisten des Unterrichtswerkes „Marc" und „Anja", deren Lebensvollzüge das Lehrbuch wie ein roter Faden durchzieht, machen auch ihre Erfahrungen mit Schuld und Vergebung oder, auf unser Thema gesehen, mit der Buße. Diese Geschichte gestaltet einen ersten motivierenden Einstieg in die Unterrichtseinheit zum Buß- und Bettag. Vorausschickend ist zu bemerken und der Lerngruppe mitzuteilen, daß Marc, um den es im folgenden gehen wird, wegen überhöhter Geschwindigkeit die Kontrolle über sein Fahrzeug verliert und frontal in einen Kleinbus rast, dessen zwei Insassen schwer verletzt werden. Marc selbst ist dabei nur leicht verletzt worden. Marcs Umgang mit seinen Opfern erzählt von „verweigerter Buße". Die Lerngruppe liest zunächst mit verteilten Rollen den Text aus den Religionsbuch „Spiegelbilder" (M 1). In dieser Einstiegs- und Motivationsphase sollten die Wörter „Buße", „Buß- und Bettag" etc. noch nicht vorkommen. Die SchülerInnen werden im Verlauf dieser ersten Phase von selbst darauf stoßen.

Im Anschluß an die Lektüre wird im Plenum geklärt, zu welchem Verhalten gegenüber seinen Opfern die SchülerInnen Marc raten würden.

Die Antworten werden an der Tafel stichwortartig gesammelt. Begriffe wie „Wiedergutmachung, Schuldeingeständnis, um Vergebung bitten, bereuen, Fehler einsehen und auch Buße" werden genannt, wobei der Begriff Buße zusammenfassend für alle anderen Äußerungen stehen sollte.

Marcs Opfer haben also mit Recht Erwartungen, und allein an Marcs Verhalten entscheidet es sich, ob er seine Schuld zu mindern vermag. Erst wenn Marc anfängt, seine Tat zu bereuen, sich aktiv mit seinen Opfern auseinanderzusetzen, können diese ihm vielleicht vergeben. Erst dann und nur so erlangt Marc „Erlösung" von seiner Tat (zu dem Thema empfiehlt sich auch ein Stück Weltliteratur: Leo N. Tolstoi, Auferstehung).

Ähnliches geschieht in unserem Verhältnis zu Gott. Wir sind und bleiben ihm etwas schuldig. Mit irgendeiner Leistung indes ist es nicht getan, das wissen evangelische Christen nur allzugut. Marcs Opfer haben Wünsche – auch Gott „wünscht" sich etwas von uns. Diese „Wünsche" sammeln die SchülerInnen mittels „Brainstorming" (spontan werden Begriffe notiert) auf ihrem Arbeitsblatt (M 2) und teilen sie dann der Lerngruppe an der Tafel mit. Das Tafelbild entspricht somit dem Arbeitsblatt. Neben den Zehn Geboten, dem Gebot der Nächstenliebe, werden von den SchülerInnen auch Stichworte wie „Gerechtigkeit, anderen zu helfen, fair zu sein, Reue zu zeigen, keine Tiere zu quälen etc." genannt.

Nachdem die SchülerInnen das Tafelbild erstellt haben, wird diskutiert, ob irgendein Stichwort nicht angemessen ist und irgendeine Äußerung, die an der Tafel steht, zuviel vom

Menschen verlangt. Es wird dann Übereinkunft darin erzielt, daß Gott sehr wohl dieses Verhalten von uns erwarten kann und daß seine „Wünsche“ an unser Verhalten angemessen sind. Allerdings sind wir oftmals nicht in der Lage oder willens, die von uns gewünschten Verhaltensweisen zu erbringen.

Deswegen stellt sich jede/jeder selbst einen „Bußbescheid“ aus, der drei oder vier Punkte benennt, die im vergangenen Jahr nicht rechtens gewesen sind. Dies erarbeiten die SchülerInnen für sich alleine. Auch die Höhe der Buße legen die SchülerInnen in einem zweiten Schritt selbst fest. Es geht nun nicht darum, konkrete Bußleistungen zu erbringen, sondern sich zu vergegenwärtigen, daß es für das jeweils eigene Heil notwendig ist, sich Fehlverhalten einzugestehen, dies zu bereuen und so letztendlich Erlösung von der eigenen Tat zu finden. Ähnlich wie Marc, der erst wieder glücklich leben kann, wenn er Vergebung erfahren hat, sind wir auf Vergebung angewiesen. Diese Einsicht führt uns in das Zentrum evangelischer Theologie, zu dem Bibelwort, das auch für Martin Luther erlösend und prägend wurde:

„Denn darin wird offenbart die Gerechtigkeit, die vor Gott gilt, welche kommt aus Glauben in Glauben; wie geschrieben steht: ‚Der Gerechte wird aus Glauben leben‘“ (Römer 1,17).

Dies Bibelwort wird als Folie (M 3) projiziert und mit den SchülerInnen dahingehend besprochen werden, daß nicht irgendeine fromme Leistung Erlösung schafft (vgl. wieder Tolstoi, a.a.O.), sondern Erlösung im Glauben an Gottes Gerechtigkeit geschieht. Das ist m. E. der Sinn der Buße und somit auch des Buß- und Bettages.

M 1

Immer noch keine Nachrichten aus dem Krankenhaus. Nachdem die Ärzte Marc vor einer Woche entlassen hatten, wartete er nun auf die Genesung seiner Unfallopfer. Der Ältere hatte mehr Glück gehabt als sein Beifahrer. Auch er war schon wieder aus der Klinik entlassen worden. Der andere aber kämpfte immer noch um sein Leben. Dazu kam die Ungewißheit, ob er jemals wieder würde laufen können, denn die Gefahr einer Querschnittsläh-

mung war nach wie vor gegeben. „Eigentlich war ich ja gar nicht schuld," sagte Marc zu seiner Mutter und zu Anja, die gerade zu Besuch gekommen war. „Wie bitte, du warst nicht schuld", fragte Anja ungläubig. „Marc, du hast zwei Menschen zusammengefahren, die heute noch an den Folgen deiner Raserei zu leiden haben und nun behauptest du, dafür nichts zu können." „Ja, sicher bin ich unschuldig! Es hat sich nämlich herausgestellt, daß die beiden nicht angeschnallt waren. Hätten die sich an die Gesetze gehalten, wäre ihnen auch nichts passiert." – „Nein Marc, so kannst du es nun wirklich nicht hindrehen. Du baust einen schweren Unfall und stellst dich danach als Unschuldsengel hin. Was ist denn mit dem Beifahrer? Du weißt ganz genau, daß es bis heute noch nicht geklärt ist, ob er jemals wieder laufen kann oder sein Leben im Rollstuhl verbringen muß. Mensch, du hast dessen ganze Existenz in dieser Sekunde vielleicht für immer zerstört." Marc hörte zwar aufmerksam zu, aber ihm war anzusehen, daß ihm die Worte von Anja überhaupt nicht gefielen. Deshalb sagte er: „Trotzdem, wenn er angeschnallt gewesen wäre, wäre alles halb so schlimm gewesen. Er ist selbst daran Schuld, wenn er querschnittsgelähmt ist. Aber vielleicht bleibt ihm das erspart. Noch ist es ja nicht sicher, ob er überhaupt überlebt. Wenn ich an seiner Stelle wäre, wäre ich lieber tot als behindert." – „Das schlägt doch dem Faß den Boden aus", entgegnete Marcs Mutter erregt. „Erst willst du die ganze Schuld deinem Opfer zuschieben und dann behauptest du doch tatsächlich, es wäre für den Mann besser zu sterben. Hab' ich dich so erzogen? Lieber einen Menschen auf dem Gewissen haben, als mit der Tatsache leben zu müssen, dein Leben lang für einen Menschen im Rollstuhl verantwortlich zu sein? Du machst es dir sehr einfach!" – „Ihr wollt mich wohl nicht verstehen. Was soll denn das für ein Leben sein. Jeder Handgriff, jede kleine Besorgung wird für den zu einer Riesensache, ständig braucht der jemanden, der ihm hilft. Der Typ kann dann nicht mal mehr alleine auf die Toilette gehen. Das ist doch keine Perspektive für einen 25jährigen. Der hat sich sein..." Das Läuten des Telefons unterbrach Marcs Rede. „Schulte", meldete sich Marcs Mutter. „Guten Tag, Frau Schulte, hier spricht Dr. Rotter vom Elisabethen-Krankenhaus. Ich wollte ihnen nur mitteilen, daß es Herrn Schlosser besser geht. Auch die Gefahr einer Querschnittslähmung scheint momentan gebannt" (Spiegelbilder, S. 166).

M 2

Gott wünscht sich von uns:

Schriftliche Verwarnung / Bußbescheid / Anhörung

Sehr geehrte Dame, sehr geehrter Herr,

Ihnen wird zur Last gelegt, im Jahre 1996 folgende Ordnungswidrigkeit(en) begangen zu haben:

- ______________________________
- ______________________________
- ______________________________
- ______________________________

Als Buße wird festgesetzt:

- ______________________________

Datum: Buß- und Bettag 1996

„Denn darin wird offenbart die Gerechtigkeit, die vor Gott gilt, welche kommt aus Glauben in Glauben; wie geschrieben steht: ‚Der Gerechte wird aus Glauben leben' "
(Römer 1,17).

Anschriften der Mitarbeiter

Rüdiger Bieber, Pfarrer und Publizist
Alemannenstraße 6 - 64625 Bensheim

Peter Bornkessel, Schulpfarrer
Hörlestraße 79 - 67550 Worms

Jochen Fetzner, Pfarrer
Winterbergerstraße 14 - 78112 St. Georgen

Dr. Walter Fleischmann-Bisten, Pfarrer und Geschäftsführer des Evangelischen Bundes
Jahnstraße 9 - 64625 Bensheim-Auerbach

Uwe Handschuch, Pfarrer
Übernthaler Straße 13 - 35768 Siegbach

Privatdozent Dr. Jörg Haustein, wissenschaftlicher Referent des Konfessionskundlichen Instituts
Ernst-Ludwig-Straße 7 - 64625 Bensheim

Dr. Reiner Marquard, Pfarrer und Dekan
Philippshöhe 9 - 64625 Bensheim-Auerbach

Uwe Ranft, Dipl. Rel. Päd. und Gemeindepädagoge
Melibokusstraße 25 - 64625 Bensheim-Auerbach

Bernd Schmidt, Schulpfarrer
Steubenstraße 28 - 69121 Heidelberg